JN093130

自身の価値を最大化する最強キャリアアップ術

自分広報力

REALIZE YOUR POTENTIAL BY SERVING OTHERS

デロイト トーマツ グループ執行役員
金山亮

イースト・プレス

自分広報力

自身の価値を最大化する
最強キャリアアップ術

はじめに

あなたは最近、仕事上で次のような「モヤモヤ」した悩みや不安を感じたことがあるでしょうか。

「真面目に仕事をしているのに、カイシャはちゃんと評価してくれていないのではないか」

「毎日つまらない雑用ばかりで、自分の能力を活かせる仕事が与えられていない」

「希望を抱いて転職してみたけれど、新しい職場で自分の居場所が見出せなくてつらい」

「新しい上司のもとで、これまでのやり方が全く通用しなくなり、これから先が不安だ」

「今の仕事をただ続けていても、将来のキャリアパスが見えてこない気がして心配だ」

もしそうだとしたら、お伝えしたいことがあります。

「大丈夫。自分一人だけで悩まなくてもよいのです！」
「ちょっとした発想や行動の切り替えで、あなたの『モヤモヤ』の多くは解消可能なのです！」

真面目な人ほど、自分一人で「内にこもって」どんどん悩みを深め、自分を苦しめてしまいがちです。「自分はこうでなければならない」といった自意識が強いほど、また「他人に甘えてはいけない」という自立心が強いほど、そうした苦しみがますます深く大きくなる傾向があります。

実は人間の価値など自分で考える以上に相対的なもので、周囲の状況次第でいくらでも変わり得るのです。しかも、ビジネスを取り巻く環境変化がますます速くなる中で、あなたの所属する会社でも、経営方針が変わり、組織や人がどんどん入れ替わっている筈です。これまで「マイナス」だと思われていたことが急に「プラス」に評価されるようになったり、これまで「日が当たらなかった」話が急に注目を集めたりすることだってあり得ます。

だからこそ、「自分一人で悩む」のをやめて視点を外に移し、周囲のメンバーのニーズや期待に積極的に耳を傾けるべきなのです。そして、それらに呼応する形でしたたかに自分の存在価値を打ち出すことに、一人ひとりがもっと意識的になるべきなのです。企業と従業員の関係が流動化していると言われる今だからこそ、自分の周囲で起きている様々な変化に意識を向けて戦略的に取り組むことで、いくらでも「逆転」のチャンスは作り出せるのです。

本書は、あなたが周囲に認められながら自分の価値を発揮して着実に評価を上げ、キャリア成長を実現するために求められる発想や行動を、「自分広報力」と総称して、その実践方法を解説するものです。本書でお話しする「自分広報力」は、次の3つの要素から構成されます。

第一に、**「ポジショニング」**です。周囲のメンバーが抱える課題・関心事や困りごととあなたが持つ知見やスキルとが掛け合わされるテーマを見出し、それを軸としてあなた自身の「立ち位置」を固めることです。これが「自分広報力」の基盤になります。

第二に、**「メッセージ思考」**です。一定のパターンに沿ったメッセージの組み立て方や使い方を習得することで、相手の意識や行動に働きかけ、意図した成果を導き出すための有効な発信やコミュニケーションを実践できるようになります。

第三に、**「アスピレーション」**です。あなたの内発的な希《ねが》いに裏打ちされた、「志《こころざし》」や「大義」を示すことで、「自分広報力」がさらに高まり、より多くのメンバーを束ねて大きな成果を生み出す原動力になります。

それにしても、なぜ、自分「広報」力なのだろう？と不可解に思われる方もいらっしゃるかもしれません。その理由は、本書で紹介する手法の多くが、私がこれまで20年余りにわたって携わってきた戦略広報・戦略ＰＲの思考法に根差すものだからです。

これからは、一人ひとりが、会社や組織に依存することなく、「自分株式会社」のCEOとして自らのキャリアを切り拓いていくことが求められる時代になります。そうした中で、企業が自社の「ファンづくり」、「ブランド価値向上」、「危機管理」などのために駆使してきた戦略的な広報の発想・手法のエッセンスを、個人もビジネスリテラシーの一部として習得しておいて損はありません。それどころか、今後は、それを習得しておくことが大きなアドバンテージ（強み）になるものと確信しています。

本書の著者である私は、これまで約35年にわたり、良く言えばユニークな、見方によっては随分と紆余曲折したキャリア人生を歩んできました。

大学卒業後の約11年の間、旧財閥系の化学メーカーと大手ゲーム会社において、主に海外企業との提携や折衝に関わり、あらゆる雑用を含めて大小さまざまな仕事に携わりました。ゲーム会社に入社した初日、挨拶に行った役員に「キミみたいなお堅い会社にいた人が、ウチなんかに来てホントに大丈夫なのか？ ウチはね、『役に立たないモノ』で儲けている会社なんだからね」と冷ややかに言われたのを今でも覚えています。担当業務の中身は似通っていても、明らかに毛色の違う2つの企業を経験することで、自分に絶対的な価値など無く、周囲との関係がすべてを決めることが骨身に沁みました。

そして、30代半ばで世界最大手の戦略PRファームひとつであるフライシュマン・ヒラードの日本法人に、準創業メンバーとして参画しました。家族と住宅ローンを抱える身でありながら、全く畑違いの業界への突然の転職です。しかも、世界最大手の一角を占めるファームとはいえ、当時日本法人は設立後日も浅く、人員数も10名そこそこの規模でした。ガイジンの同僚からは「日本の大企業出身でPR未経験のアナタに、一体何ができるのかしら……」と心配そうに質問される始末でした。

PRファームというと、日本だとパブリシティやイベント運営などがイメージされがちです。他方、世界規模のPRファームになると、複数の国・地域をまたにかけたマーケティングや公共政策に関するキャンペーン、大企業間のM&Aから、国際交渉や国際紛争、大統領選挙に至るまで、様々な出来事やニュースの舞台裏に介在する「黒子集団」です。戦略的なメッセージ発信を通じて人々の意識に働きかけ、意図した世論喚起を促すことで、ビジネスや政治においてクライアントの目標実現をサポートすることを使命としています。

バブル崩壊後の停滞を打破してビジネスや社会の変革を推し進めるには、凝り固まった人の意識を変えていかなければならない。そのためには、こうした「世界標準の戦略PRスキル」を日本のリーダーにも「当たり前」のものとして使ってもらえるようにする必要がある……そんな熱い想いが、当時の私を畑違いの転職へと駆り立てたのでした。

全く土地勘のない業界への突然の転職だったため、日々苦労の連続でしたが、「コミュニケーション＝人の意識・行動への意識的・戦略的な働きかけ」という視点に立って、8年余りの間に国内外200社に及ぶ企業のブランド構築、販売促進、企業変革、危機管理対応などに関わりました。入社時に10名そこそこだった日本法人も、その間に100名を超える規模に成長していました。

その後、企業経営の立場に身を移し、外資系企業傘下で進められた全国規模のスーパーマーケット企業の経営再建と成長基盤づくりを、企業コミュニケーション（社内外広報・渉外・CSR）担当の執行役員として支えてきました。現在は、デロイトトーマツグループ全体のブランド、マーケティング、広報、CSRなどの領域を統括する立場で仕事をしています。

広報というと一見華やかなイメージで見られることが多いのですが、現実は全く異なります。私自身、１００人以上の記者とテレビカメラの前で会社を代表して「お詫び会見」をしたり、いわれの無い虚偽報道への対応に骨身を削ったりもしてきました。不測の事態や世間から予期せぬ誤解に立ち向かい、自社のブランドや評判を守り抜くことも広報の重要な役割なのです。

本書では、私自身の広報・ＰＲ分野を中心とする長年の現場経験と外資系や異業種への転職を通じてその都度ゼロからキャリアを積んできた実績に基づき、どのような環境に置かれても周囲の評価を得て成果をあげていくためのノウハウを、「自分広報力」という切り口でまとめてみました。

本書が、自ら新たな価値を生み、周囲のメンバーに貢献することを通じてポジティブな変革の渦をつくり出してきたいと考えているあなたにとって、今後のキャリア成長を考える上での一助になることを願っています。

第3章 「ポジショニング」を固め、「自分広報」活動をはじめよう 85

第1章

「自分広報力」が、あらゆるキャリアを成功に導く原動力

世界中が共感する発信に「自分広報力」のヒントが隠されている

「自分広報力」というと、自分の強みや特技を周囲に認めてもらうための自己アピール術のようなものを想像されるでしょうか。もちろん、そうした自己アピールが全くムダとも言い切れません。しかし、「誰に何を訴えることでどういう結果を期待するか」という目的を明確にしないまま発信量だけ増やしても、多くの場合、誤解されるか「スタンドプレー」としてひんしゅくを買うかに終わってしまい、むしろ危険です。

そもそも広報とは、自分からの発信だけを意味するものではありません。その本質は、自分の提供した情報を第三者に価値あるものと認めてもらい、第三者の口からの発信を増幅させることで、自分のやりたいことをやりやすい環境を整えることにあります。新発売の商品について新聞・テレビ・インターネット媒体などのメディア（＝第三者）にニュースとして取り上げてもらえた結果、世間で話題になることで売上が増える、というのはその典型です。

では、頼まれなくても第三者が進んで情報を発信してくれるには、どうしたら良いのでしょうか。そのカギは、皆が関心をもっているテーマや何となく潜在的に悩んでいた課題に新たな気づきを与えることにあります。

「人生がときめく片づけの魔法」[*1]の著者である「こんまり」こと近藤麻理恵さんをご存じの方も多いと思います。同書はすでに40か国以上で翻訳され、米タイム誌などでも紹介されて、総発行部数1200万部を超える世界的なベストセラーになっています。

なぜ、「片づけ」に関する書籍がこれだけ幅広い注目を集めたのでしょうか。それは、「片づけ」が単なる不用品の整理にとどまらず、自分の生き方を変え、本来のときめく自分を再発見するために必要な行為であるという気づきに、世界中の人々が共感したからです。

周囲の多くの人が共感できるテーマが設定され、それに呼応する形で、こんまりさんの持つありとあらゆる片づけノウハウが発信された結果、彼女の独自の知見が皆にとって価値があり、意味があるものとして受け止められるようになったのです。私はこれを、こんまりさんにとっての「立ち位置」、すなわち「ポジショニング」ができた状態と呼びます。

会社の中や営業先のお客様との間でも、同じようなことが起こり得ます。できるビジネスパーソンというのは、暗黙のうちに自分の「ポジショニング」をつくるのが上手い人、ということもできるでしょう。周囲の関係者のニーズや課題を的確に嗅ぎ取り、どの部分で自分が「役に立つ存在」になり得るかを素早く察知して、それを目の前の仕事に絡めて巧みに打ち出すことで相手との信頼関係をつくり上げるのが上手いのです。

「自分広報力」の基礎となるのは、社内やお客様との間で自分の「ポジショニング」となり得る機会を見つけ出すことです。「ポジショニング」さえできれば、そこを起点として自分の価値を周囲が勝手にどんどん高く評価するという好循環が生まれるのです。

どんなささやかなことであっても、自分と周囲がWin-Winの関係になる「ポジショニング」を見つけ出すことから始めてください。それによってはじめて、能動的な発信を仕掛けていける土壌ができあがるのです。

「自分広報力」の基本は自らの価値を効果的に発揮して活躍できる「ポジショニング」を固めること

では、どうしたらあなた自身が、自分と周囲がＷｉｎ－Ｗｉｎの関係になるような「ポジショニング」を見つけ出せるのでしょうか。こんまりさんのように全世界の何万人もの人をいきなり相手にしようとしても無理なので、まずは、今いる会社で自分の身の周りにいるメンバーをよく観察してみてください。手始めに誰か一人選ぶのであれば、まずは直属の上司に注目してみましょう。

上司とは日々の仕事に関わることでいつもコミュニケーションをとっているから、今さら観察することなどないと思われるかもしれません。たしかに、あなたが直接担当する仕事についてはそうかもしれません。しかし、上司が抱えているそれ以外の仕事はどうなっているでしょうか。

具体的に、あなたの上司は、どういう分野やテーマで、いつまでにどのような成果を出したいと考えているのでしょう。他の部下との関係や、上司の上司との関係において、どんな課題を抱えていたり、どんなプレッシャーにさらされていたりするのでしょうか。そういう目で上司のスケジュールを眺めたり、定例のチームミーティングなどでの発言内容を振り返ったりするだけで、色々なことが見えてくるはずです。

こうして上司の抱える課題や関心、困りごとなどについて自分なりに仮説を立てながら、あなた自身の日々の仕事にもうひと手間加えてみたり、上司との会話の中でちょっとした一言を加えたりして、相手の反応をさらによく見てみるのです。

●あなたの上司が、仕事はできるけれども説明が苦手で、自身の上司への報告などに苦労していることが分かったら、スライド作成が得意なあなたが報告資料の一番大事なところを分かりやすい図表にするのを手伝うだけで、とても感謝されるかもしれません。

●あなたの上司にあなた以外に3人の部下がいて、それぞれの部下から集まってくる報告をまとめるのに長時間をかけているような場合、データ分析が上手なあなたが、他の3人と相談して最初から共通のフォーマットにデータを打ち込んで自動的にグラフ化するような報告フォーマットを提案すれば、とても助かると感じてもらえるのではないでしょうか。

●また、あなたの部署に最近、中途採用でたくさん人が入ってきて、あなたの上司はみんなの一体感を高めるために何かできないかと考えているとしましょう。屋外バーベキューを長年の趣味としているあなたが、バーベキューパーティーの企画を持ち出したら、面白そうだから是非やってみよう、ということになるかもしれません。

こうして相手（この場合、あなたの上司）の抱える課題や関心、困りごとなどと、あなた自身のもつ知識、スキル、趣味や特技などを掛け合わせることで、お決まりの日々の仕事を少しだけはみ出したところで、「こんなこともできるんだね。すごく助かるよ」と言ってもらえるような状態を生み出すことが、「ポジショニング」を見つける第一歩になるのです。第一歩と言ったのは、必ずその先があるからです。

「あの資料、良かったよ！　常務（上司の上司）が分かりやすいとほめてくれてね。今度はこういう資料も作りたいんだけど、手伝ってくれないかな」とか……

「このグラフが自動で出てくるようになって助かったよ。こんなデータも入れられないかな」とか……

「バーベキューパーティー最高だったね〜。今度は思い切って、得意先のメンバーも呼んでやってみようと思うんだけど、企画してくれないかな」とか……次のアクションにつながる相談が舞い込むようになるからです。

上司のアタマのなかには、ルーティーンの業務遂行者を超える価値を提供してくれるあなたのイメージが植え付けられたのです。しかも、あなたの上司は、このことを周囲の他のメンバーにも色々な形で話したりするでしょうから、周囲のメンバーもあなたが提供する独自の価値に少しずつ気づき始めることでしょう。

どんなにささやかな形であれ、周囲から認められる形で、あなたが自身の価値を効果的に発揮して活躍できる「ポジショニング」が固まってくると、それを拠りどころにして自分のアイデアを述べたり、実績を紹介したり、新たな提案をしたりしても、無理なく受け止めてもらえるようになっていきます。あなた自身の発信が、相手にとっても価値があり意味があるものとして受信してもらえるようになるからです。このようにして、「自分広報」活動のベースが固まっていくのです。

〃広報〃とは情報を、他人にとっても価値あるものとして発信すること

PRストラテジストの本田哲也さんの言葉に、「広告がAさんからBさんへのラブレターだとすれば、PRはBさんの友達の間でAさんの話題が出ている状態」というのがあります。

Aさんがいかに熱い想いを込めてラブレターを送ったとしても、何の前触れもなくそれを受け取ったBさんがどのように感じるかは全くの未知数です。真面目に読んでくれる保証すらありません。しかし、Bさんの友達の間でAさんのことが「興味ある対象」として関心を持って語られている状態が出来ていたとすれば、同じラブレターであっても、Bさんの受け止め方は全く変わってくる筈です。少なくともラブレターに目を通してくれるでしょうし、「せっかくなので、一度お会いしてお話しだけでも……」という流れになる可能性もグッと高まることでしょう。

あなたが「自分広報」を効果的に進める上においても、必ずこの両面で考える必要があります。本田さんの言葉でいう「PR」的な切り口から周囲の環境を整えておいて、そこに、相手に一番刺さるメッセージを込めた「広告」をじかに打ち込むからこそ、絶大な威力が発揮されるのです。

では、AさんがBさんの友達の間で自然に話題になるためには、どうしたら良いのでしょう。Aさんが容姿端麗で元々皆からスターのように慕われていれば話は別ですが……「そんなことは、まず無い！」と仮定すると、Aさんのもっている知識、スキル、人柄や趣味・特技などが、Bさんの友達の間で共有されている興味・関心に刺さる形で知られる状態になっていなければなりません。Bさんの友達たちのアタマの中に、多少なりともAさんの「ポジショニング」ができている必要があるのです。

あなたがAさんであるとしたら、Bさんの友達の間で興味・関心のありそうなテーマを調べ上げて、それと掛け合わせが出来そうな自分の「持ちネタ」が何かないか考えてみるところからスタートすることになります。

例えばAさんが写真を撮るのが得意で、セミプロ並みの腕前を持っていたとします。最近Bさんたちの間で「SNSで映える写真の撮り方」が話題になっていることが分かったら、チャンスです。Aさんの写真の腕前が、Bさん自身でなくても、Bさんの友達の誰かに知られるようになる仕掛けを作ることで、AさんのことがBさんの周囲で「自然に話題になる」可能性はグッと高められることでしょう。

逆に、このような相手の興味・関心との掛け合わせを考えもせずに、Bさんに対して美辞麗句を並べて立てて、「好きです！ 私とお付き合いしてください！」と一方的にラブレターを送りつけたら、どうなるでしょうか。気持ち悪い人だと思われて、二度と口をきいてもらえなくなっても不思議ではありませんよね。

笑い話だと思われるかもしれませんが、あなた自身やあなたの身の周りでも、これとよく似たことが起きていたりしないでしょうか。例えば、「私は大学院でマーケティングを専攻して優秀な成績で卒業したのですが、今の仕事ではそうした知識をほとんど活かせていません。能力以下の仕事ばかりなので、もっとレベルの高い仕事に就かせてください」と部下から言われたら、上司はどう感じるでしょうか。たしかに上司の方も、部下がそんな特別な知識を持っていることを踏まえて、それにふさわしい仕事を割り振ることを真剣に考えるべきかもしれません。

ただ、このような直接的かつ唐突な言い方は、先に挙げた「一方的なラブレター」の例に近いものです。「大学院でマーケティングを専攻して優秀な成績で卒業」という情報が、上司の価値観や興味・関心にどの程度刺さるものか定かではありません。そうした下調べを抜きにして、自分の「スペック」に関わる情報をいたずらに発信しても、相手に誤解されてしまうリスクがあるのです。

遠回りに見えるかもしれませんが、上司や周囲のメンバーの抱える課題を掘り起こし、その解決に自分のマーケティングの知識がこんな風に活用できますよ、ということを折々に提案してみてはどうでしょうか。あなたのことが自然に話題にのぼり、「マーケティングが詳しいんだってね。ぜひ相談に乗って欲しいんだけど」と向こうから言われるようになれば、しめたものです。「自分広報」的な発想で行けば、きっとこういうアプローチを選ぶでしょう。

キャリアを会社任せにできないこれからの時代は、「自分広報力」が必須のスキル

それでは、これからの時代において、どうしてビジネスパーソン一人ひとりがこのような「自分広報力」を備えることが求められているのでしょうか。

LinkedIn（リンクトイン）日本代表の村上臣さんは、著書「転職2・0」[*2]のなかで、一人ひとりが自分を一つの会社、すなわち「自分株式会社」のような存在と見立てて、自分株式会社の時価総額（＝市場価値）を最大化するような意識と戦略をもって、主体的にキャリアをデザインすることが、今後ますます重要になると説かれています。こうした発言の背景には、日本型の終身雇用を前提とした雇用慣行が転換期を迎えていることがあります。

伝統的な日本企業においては、新卒社員を一括定期採用し、終身雇用を前提に転勤や異動を通じて多様な仕事を経験させるのが当たり前でした。社員個々人も、会社が一生

面倒をみてくれるという想定のもとに、会社の言うとおりに転勤や異動に応じ、会社に全身全霊でつくすのが美徳とされてきました。キャリア形成の主導権を握っていたのは、社員一人ひとりではなく、彼らを雇用する会社の方だったのです。

しかし、事業環境の変化のスピードが増し、グローバル化が加速する中で、多くの企業がこうした伝統的なモデルを維持できなくなってきました。2022年の年明け早々に、それを象徴する出来事がありました。日立製作所が「ジョブ型雇用」を本体の全社員に広げる計画を発表したのです。個々のポジションの職務内容や必要なスキルを「職務記述書（ジョブディスクリプション）」に明記して公開し、最適な人材を社内外から広く募る仕組みも導入すると言われています。

今後こうした動きが広がるなかで、ビジネスパーソンと企業との関係性も、これまでの「丸抱え」の雇用・被雇用の関係から、その時々のビジネスニーズに応じて必要なスキルや成果をやりとりする取引契約的な関係に近いものに、徐々に変質していくと予想されます。転職するか今の会社にとどまり続けるかに関わらず、何に取り組み、どんな成果をあげるのか、といったことについて、一人ひとりが主体的に考え、「契約相手」

である企業（雇用主）に対して明快に説明して理解してもらえるようになる必要があるのです。

これからは、「長いものに巻かれ」て、言われたことをクビにならない程度にやり過ごすことをよしとするサラリーマン的な発想は、ますます通用しなくなります。転職するかどうかに関わらず、一人ひとりが「自分株式会社」のＣＥＯとして、どの分野で何を成果として達成するかを決めて実行するだけでなく、自身の市場価値の最大化にむけて積極的に発信し、理解者や賛同者を増やしていかなければなりません。これによって、あなたの周囲に、あなたの仕事を評価してくれるだけでなく、いざという時に知恵や力を貸してくれる仲間が増えていくことになるからです。

同じことを同じようにやっていても、「自分広報力」があるかどうかによって、現在の仕事に対する評価や、将来にわたるキャリア展開の可能性、それによる市場価値の増減などが左右される時代がやってくるのです。企業の世界においても、同じ業界で同じようなビジネスをしていても、ＩＲ（投資家向け広報活動）が上手な企業とそうではない企業とで株式市場での評価に大きな差がつくケースが散見されます。これからは、個人にもこうしたことが普通に起こるようになるでしょう。

上司も同僚も簡単に入れ替わる時代には「誰かが見ていてくれる」という甘えは通じない

どうして「自分広報力」がビジネスパーソンに必須のスキルになるかについて、時代背景とともに説明をしてきました。

私は長年、広報やコミュニケーションに関わる仕事に、コンサルティングと企業経営の両面で携わってきました。素晴らしい取り組みをしているのに風評被害を受けて苦しんでいる企業のイメージをどう変えるかとか、優れた商品なのに思ったように売れない状況をどう打開するかとかいったことに、さまざまな角度から取り組んできました。

どのような場合においても、最大のテーマは、お客様や従業員、株主、取引先などの「相手」の思い込みをいかに変えるかということでした。人間はみな、周囲の常識やメディアから流れてくる情報によってさまざまな思い込みを形成して生きています。だから、実はなかなか良い会社なのに、勝手に「ブラック企業」とレッテル貼りされたり、実はものすごく価値のある商品なのに同業大手の主力商品の陰に隠れてほとんど評価されていなかったり、ということが起きてしまうのです。

このような思い込みの原因がどこにあるかを調べて、それを打破するような情報の発信を仕掛けていくのが、戦略広報・戦略PRと呼ばれる分野のプロの仕事なのです。最近の雇用情勢の急速な変化のなかで、こうしたプロのスキルや考え方を、ビジネスパーソン一人ひとりにも知ってもらい、積極的に活用してもらえるようにしたら、より多くの人に仕事を通じた充実感や達成感を得てもらえるのではないかと考えるようになりました。

「昭和世代」の私は、ご多分に漏れず、新卒一括採用で典型的な日本企業に入社して社会人生活をスタートしました。入社したての新人の頃、大ベテランの役員の方々の講話を聞く機会が何度かありましたが、そこで繰り返し語られたのは、次のようなメッセージでした。

「他人の仕事の方が面白そうに見えるかもしれないけれども、わき目を振らずに今自分に与えられた仕事を一生懸命やるように。そうすれば、必ず誰かが見ていてくれるので、いつしか自ずと道が拓かれる」

新卒一括採用、年功序列、終身雇用が不動の3点セットとして存在していた時代であれば、「鈴木君も入社15年目になるし、そろそろ課長になる準備をしてあげないと」とか、「佐藤君は営業所勤務が長くなってきたので、今後のために本社の管理部門の経験もさせておこうか」とかいったことが普通に会話され、本人が自ら働きかけなくても、周囲がそういう昇進や異動をアレンジしてくれたものです。社員一人ひとりは、とにかく「今自分に与えられた仕事を一生懸命やっています」という姿勢を、日々の行動で示していればよかったのです。

誰かが見ていてくれて、引き立てられて役員や社長まで上り詰める人もいれば、そこまでは行かずに「そこそこで終わる」人も多数いたことでしょう。けれども、トータルでみて「悪いようにはしないから」という暗黙の了解が、会社と社員の間で成り立っていたので、皆何となく納得して会社に人生を預けていたのだと思います。

しかし、今後こうした従来型の雇用慣行が一気に様変わりし、ジョブ型雇用や転職がごく普通になってくると、上司や同僚、先輩、後輩、同期入社組などといった、固定的で永続的な組織を前提とした人間関係がもつ意味が薄れていきます。「見ていてくれる」はずの誰かがいつの間にかいなくなっていたり、全然違う方向を向いてしまっていたり、ということだって起きるでしょう。

また、これまでの経緯や背景を何も知らない人が、いきなり外から入ってきてあなたの上司になることもあり得ます。あなた自身が転職して今までとは全く違う組織環境に入っていくような場合は、もちろん言うに及びません。「誰かが見ていてくれる」という根拠のない願望にすがるのではなく、一人ひとりが、今この時に、誰に対して、自分の価値をどう見せて理解させていくのかということを十分に意識して、戦略的に取り組むことが求められるようになるのです

過少評価を覆す力を持たなければ、できる範囲の仕事しかもらえず成長も止まる

「自分はこんなに頑張っているのに、会社は正当に評価してくれていない」という悩みは、いつの時代も多くのビジネスパーソンに共通するものです。やや古いデータですが、株式会社あしたのチームが２０１７年に実施した調査によれば、会社での自分の評価が「低いと思う」と「まあ低いと思う」と答えた人が51％にのぼり、「妥当だと思う」と答えた人（43％）を大きく上回っています。[*3]

自分株式会社のCEOという立場で考えた場合、あなたの頑張りが会社によって正当に評価されていないとすれば、それは2つの意味で大きな問題です。まず、現在の仕事の成果が上司や周囲のメンバーに正しく理解されていない可能性があること。そして、より重要なのは、あなた自身の今後の成長ポテンシャルも過少評価されている可能性が高いことです。

通常、企業価値とは「その企業が将来にわたって生み出すキャッシュフローの現在価値」と説明されています。自分株式会社の時価総額を最大化するのがCEOであるあなたの目的だとすると、足もとの仕事の評価もさることながら、今後の成長ポテンシャルの方こそ、少しでも高く評価されるようにすることが重要なのです。

成長ポテンシャルが低いと判断されれば、高い成長につながる「面白い」仕事が回ってこないので、そもそも評価が低い現在の仕事をただただこなすだけになってしまいます。現状維持が精一杯で、下手をするとどんどん評価が下降スパイラルを描いて落ちていくことも覚悟せざるを得ないかもしれません。「時価総額最大化」など夢のまた夢になりかねません。

では、どうしたらこのような「過少評価」の状況を改めることができるのでしょうか。

まず、業績目標の立て方や、それに基づく業績報告のやり方を再検討してみることをおすすめします。これまでに色々な人の評価に関わってきた私自身の経験から振り返ると、「会社は正当に評価してくれない」と不満を感じる度合いが大きい人は、おしなべて、真面目で勤勉で、しかも、自分の仕事に対するプライドや責任感が強い傾向があります。だから、自己評価も非常に高いのです。

こうした方に期末の業績評価面談などで話をしてもらうと、過去半年や一年の間にやったことがこと細かく書かれた自己評価シートを見せながら、こんなに仕事をしました、こんなに大変でした、こんなに頑張りました、という感じのプレゼンテーションを延々と聞かされる場合が多いのです。ただ、往々にして、「それでどうなったの？どういう成果につながった？」と尋ねると、「ウーン」と詰まってしまうのです。

「こんなに頑張っている自分」を見てください、と言わんばかりに自分の業績をいくら力説してみても、それが、上司や周囲のメンバー、さらには組織や会社全体にとって、どういう意味や価値があるものだったのかが伝わりません。だから、上司がよほど物分かりが良い人でもない限り、「言われたことをとりあえず真面目にやっている人」という以上の評価には、なかなか結び付かないのです。

冒頭に紹介した「こんまり」さんが、彼女の持つ独自の片づけノウハウを、仮に「誰でもすぐに使える片づけの100の基本テクニック」という本にまとめて出版していたら、どうなっていたでしょうか。片づけマニアの間でいくらか話題にはなったかもしれませんが、恐らくあのような世界的ベストセラーは誕生しなかったことでしょう。

同じ仕事をしていても、それが上司や会社にとってどういう意味や価値があるかを予め織り込んで目標を立て、業績を報告するのと、ただただやったことを並べて「こんなに頑張りました」と言うのとでは、得られる評価に大きな差がついてしまうのです。日ごろから自分と周囲がWin-Winの関係になるような「ポジショニング」を見つけ出し、それを拠りどころにして業績目標を設定したり、業績報告を行ったりすることも、「自分広報」の重要な取り組みととらえるべきなのです。

状況はたえず変化している、「巻き返し」のチャンスはいくらでもある

ここまで読んで来られて、自分には無理だ、関係ないと思われた方も多いかもしれません。会社からはこれまでもずっと「そこそこ」以上の評価は受けたことがなく、上司からもそれほど高く買われている感じもしない。かといって、今の会社を飛び出して転職先で面白そうな仕事にありつけるかというと、そんな実力があるとも思えない。自分に対する評価が定まった組織のなかで、今さら「ポジショニング」を固めようとか、戦略的に「自分広報」をせよとか言われても、そんなに簡単にできるわけがないと思われたでしょうか。

しかし、企業をとりまく環境の変化のスピードは凄まじく、これまでの「当たり前」がどんどん通用しなくなってきています。デジタル化の波により、既存の業界間の敷居は崩れていく一方なので、伝統的な「守られた」企業や業界ほど、これからの変化率はむしろ高まっていくと考えられます。

あなたに「そこそこ」の評価しか下してこなかった上司だって、異動でいなくなるかもしれません。仮に同じ上司が居座り続けたとしても、上司の上司が変わったり、企業全体の経営方針が変わったりすると、あなたの上司や周囲のメンバーの抱える課題や関心テーマ、達成すべき業績目標の評価尺度などもガラリと変わってしまうことも十分あり得ます。

このようにあなたを取り巻く相手の興味や関心が変化すると、埋もれていたあなたの知識、スキル、趣味や特技、さらに人脈などが、大きな価値や意味を持つものとして周囲に受け止められる可能性が出てくるかもしれません。こうした変化の潮目に目を凝らして、過去をリセットし、あなたが自身の価値を効果的に発揮して活躍できる「ポジショニング」をつくることにトライすべきなのです。

「自分広報力」を持てばやりがいのある仕事を任せられ期待以上の成長につながる

建機メーカー大手のコマツの社長や会長を歴任された野路國夫さんの「私の履歴書」[*4]には、野路さんが様々な壁に直面しながら社内での「ポジショニング」を少しずつ固めて、独自の「自分広報」を通じて着実に成果を上げて行かれた様子がいきいきと描かれています。

野路さんは、1969年に大阪大学基礎工学部を卒業してコマツに入社しますが、技術系の花形であった生産や開発ではなく、「海外に出やすい」という話にひかれて志望した実験部という部署に配属されます。ところが、なかなか海外行きの機会に恵まれないまま、入社から7年余りの間、神奈川県の山中にある試験場で、ひたすら開発部門が作った試作品のブルドーザーなどの耐久性や作業性を実地で検査・確認する作業に追われる日々を過ごします。

入社8年目にしてようやく米国での長期滞在の機会を得た野路さんは、実験部での実地経験を踏まえ、当時コマツの機械がよく使われていた米国内の数多くの炭鉱に自ら乗り込んでいきました。そして、昼夜を問わず稼働する過酷な鉱山現場でコマツの機械がどのように使用されているかをつぶさに視察する中で、最強のライバルであった米キャタピラー社の製品との品質や性能の差をまざまざと見せつけられます。野路さんは、当時を振り返って「『コマツはまだまだ』というのが米国での最大の発見だった」と述べています。

その頃、事業の国際化を加速させていたコマツでは、「キャタピラーに追いつき追い越せ」が全社の最大の経営課題であり関心事となっていました。海外の鉱山現場という最も過酷な使用状況において、キャタピラー社製品と自社製品との間にどのような性能の差が見られるのか。その原因は何であり、それを埋めるには何が必要とされるのか。野路さんが現場を歩いて知り得たこうした知見とそれに基づく提言は、当時のコマツ全体の課題や関心事に直結するものとして真剣に受け止められるようになって行ったのです。

このようにして、徐々に野路さんの社内での「ポジショニング」が強固なものとなり、そこを起点とする「自分広報」が影響力を有するようになって行ったのだと考えられます。そして、これを決定的なものにしたのが、野路さん自身による約３００ページに及ぶ「コマツフィールドハンドブック」という冊子の作成でした。

これは、野路さんの実験部時代の下積み経験と、それを踏まえて米国の炭鉱現場を自身で調査して回って得た記録を集約して一冊にまとめたものでした。当時まだ、コマツ社内では、自社の製品が海外の現場でどのような多種多様な使い方をされていて、それぞれのケースでどれほどの耐久性が必要とされているのか、などについてまとめられた資料は無かったそうです。野路さんが作成した「ハンドブック」は、「図解入りで分かりやすい」と評判になり、設計や保守管理だけでなく、営業部門でも重宝がられて、以後15年ほどコマツ社内で使用され続けました。

こんまりさんの例になぞらえるなら、野路さんの「ハンドブック」はコマツ社内でベストセラーとなり、これがきっかけとなって、野路さん自身の知見や品質改善に関する考え方が幅広く注目を集めることになったのだと思います。30代でのこうした実績がベースになって、野路さんはその後も社内の要職を歴任し、最終的にコマツのトップに上り詰められました。実験部での砂やほこりにまみれた日々で会社員生活をスタートした野路さん自身、まさか自分がここまで大きな仕事を任せられるようになるとは、当初から想像されてはいなかったのではないかと思います。

私は数年前、たまたま野路さんの講演をじかに聞く機会に恵まれましたが、実直かつ誠実で飾り気のないストレートなお話しぶりが、とても印象深くて感銘を受けたのを覚えています。「私の履歴書」を読むことで、改めて「自分広報力」という視点から、野路さんがいかに優れたビジネスパーソンであり、リーダーであったのか、ということが良く理解できました。

野路さんの事例は、「自分広報力」が自己顕示や自己アピールとは全く異なるものであることを物語っています。それは、自分の周囲のメンバーが抱える課題や関心に注意深く目を向け、それらと自分独自の知見やスキルとを掛け合わせたところに、自分の「ポジショニング」を築き、そこからの発信を通じて自分が提供し得る価値を具体的に形にして示していくことです。周囲の相手が何を期待しているのか、ということに対する鋭敏な感性が求められるのです。

「自分広報力」が多様なメンバーを束ねて成果を生み出すリーダーシップの素になる

ひとたび周囲が共感するテーマや課題が設定され、それと自分が提供し得る価値とが掛け合わされる形で「ポジショニング」がつくられると、あなたの行動や発信が周囲にとって「役に立つこと」「意味のあること」として波及力をもって伝わるようになっていきます。そうなると、周囲が放っておかなくなり、どんどん面白い仕事の相談が舞い込みます。自分の能力がこれまで以上に活かされていると実感できる機会が増えていきます。周囲の期待に応えて成果をあげれば、自分の価値を周囲が勝手にどんどん高く評価するという好循環が生まれるのです。

さらに重要なのは、こうしてつくられた「ポジショニング」に根差した行動や発信を通じて、あなたの周囲に、あなたの仕事を評価してくれるだけでなく、いざという時に知恵や力を貸してくれる仲間が増えていくきっかけが作られるということです。こうした仲間は、あなたの「ポジショニング」が照らし出したテーマや課題に共感してくれているので、目先の損得勘定を超えてあなたに協力してくれる強い味方になるのです。こうした関係性を培うことで、あなたが先々、多様なメンバーを束ねてより大きな仕事でリーダーシップを発揮することが可能になるのです。

ビジネスも企業組織もどんどん複雑化してきており、いかなる職種においても自分一人でできることには限りがあります。「自分広報力」を駆使して、どれだけ周囲に仲間を増やし、周囲のメンバーを巻き込んでより大きな成果をあげられるかが問われているのです。

第2章

周囲の役に立つ「ポジショニング（立ち位置）」を見つけよう

「自分の中での自分探し」には意味がない。他者との関係性を見つめ直すことから始めよう

前章では、「自分広報力」の基礎となるのは、周囲のメンバーとの間で自分の「ポジショニング」を固めること、すなわち、周囲が共感する課題が設定され、それと自分が提供し得る価値とがマッチする状態をつくることであると説明しました。

何となく理解できるけど、実際にやるのは難しそうだなぁ……、いきなり「こんまりさん」の真似をしろって言われてもなぁ……、などと感じられた方もいらっしゃるかもしれません。順番に説明していきますので、ご安心ください。

ところで、業績評価のシーズンになると、次のような質問を受けることがあります。

「私はどうして昇格できないのでしょうか?」

「設定した目標はすべて達成しているのに、昇格にはあと何が足りないのでしょうか?」

本人はものすごく真面目で優秀なので、今のポジションにおいてはこれといって大きな欠点はないのですが、昇格には何かが足りないのです。一言でいえば、それは自己評価が高すぎて、周囲からの目線で自分の価値や貢献を客観視できていないということです。

本人は試験の答案を自己採点するかのように、期初に設定した目標と真剣ににらめっこして、「これはできた、これもやった……」という風にチェックを入れていき、これだけやったのだから完璧なはずだ、昇格も間違いないはずだ、と考えます。そして、昇格が無理だと分かると、自分に何が足りなかったのかと、重箱のすみをつつくように自分でダメ出しをして、どんどん自分を追い込んで行ってしまうケースが多いのです。

残念ながら、これでは「担当者」としては及第点をもらえても、リーダーシップが期待されるその上のポジションへの昇格は難しいでしょう。

みなさんの中には、自分もこのケースに多少なりとも該当するかも、と思われる方がいらっしゃるかもしれませんが、声を大にしてお伝えします。「あなたには能力的な問題は一切ありません！」必要なのは、ちょっとした視点の切り替えなのです。

10年ほど前になりますが、生物学者の福岡伸一さんがテレビの番組の中で、「自分探しは、自分の中で探しても何も見つからない。他者との関係の中でこそ、自分を見つける事が出来る」といったコメントをされていました。「自分探し」という語を「ポジショニング」に置き換えても、全く同じことが言えます。

「ポジショニング」とは、自分が提供する価値を周囲がどのように評価するかで決まるものです。自分が提供する価値が周囲の人々にどのくらい感謝されているのか、という視点で自分を取り巻く人々との関係を見つめる目を持つことが、自分の「ポジショニング」を見出して固めていく上での第一歩になるのです。

「ポジショニング」とは自分が決めるものではなく、周囲との関係で決まること

自己評価に比べて周囲の自分に対する評価が低すぎると感じている方は、自分が周囲に「どう映っているか」という視点で、自分の日ごろの発言や仕事ぶりを振り返ってみることをおすすめします。どう映っているかを決めるのは、周囲の相手の意識のなかに暗黙のうちに埋め込まれた「文脈」です。もう少し平たくいえば、あなた自身を含む組織の現状やそれを取り巻くビジネス環境を、周囲のメンバーがどういう風景として眺めているか、ということです。

周囲の相手が眺めている風景(=文脈)は、さまざまな要素によって構成されています。

たとえば、あなたが属するチームの置かれている状況です。足もとで進められている会社全体の事業の構造転換や変革プログラムなどのなかで、重要性が高まり人や予算も増えているのか、逆に、活動の見直しや合理化が迫られているのか、チームのリーダー

は周囲からどのような期待を寄せられているか、などによって風景は様変わりします。

さらに、あなたの周囲の人の状況や一人ひとりの背景にも着目する必要があります。生え抜きのいわゆるプロパー社員が多数派を占めているのか、人の入れ替わりが激しい組織なのか、社歴の長い人と新しく入った人との間でどのような意見や利害の相違があるのか、といった点も要注意です。なぜならば、バックグラウンドが違えば、一つのチームの中で同じような仕事をしていても、それぞれの立場から見えている風景が大きく異なる可能性があるからです。

歴史や伝統がある大企業で、生え抜きのプロパー社員は会社にものすごくプライドと愛着を持っていて、会社の仕組みを熟知している一方で、最近導入された変革プログラムの推進を担うべく外部から採用されたいわゆるデジタル人材やグローバル人材は、これまでのやり方を刷新して改革を進めようとしている、といった状況を想像してください。誰の立場でものを見るかによって、同じ会社のなかでも風景はずいぶん変わってきます。

以上はあくまでも一例ですが、このような感じで周囲の人々が眺める風景のなかで、あなた自身は一体どう映っているのでしょうか。実際のところ、あなたがこうしたことを今まで余り考えずに仕事をしてきたとすると、**周囲のメンバーの眺める風景のなかにあなたが存在していない**可能性が高いです。

もちろんあなたは直属の上司の指示のもとで仕事をこなし、一定の評価（あなた自身は低すぎると感じているかもしれませんが）も受けているので、あなたの仕事を会社が認めていないのではありません。また、あなたという人が会社に在籍していることを親しい同僚たちも当然認識していますから、周りから存在が全く無視されているのでもありません。ただ、仕事を通じてあなたが提供する価値が、周囲が共感するテーマや課題とマッチする「ポジショニング」という形で認識されていないので、風景のなかでのあなたの居場所がはっきりしていないのです。

「だからダメなんだ」と悲観する必要はありません。偏見がない分、これから本書で述べるやり方に従って自分に適した「ポジショニング」を固め、そこを拠りどころにして「自分広報」を行っていけば、どんどん状況は改善されていきます。あなた自身の仕事を、直属の上司との「評価する・評価される」の閉じた関係のなかだけで語るのではなく、「ポジショニング」を固めることを通じてより広く周囲のメンバーに価値あるものとして打ち出すことが重要なのです。それによって、同じ仕事でも周囲のメンバーにとってもつ意味が変わり、結果として、上司からの評価自体も高くなることでしょう。さらに重要なのは、そうすることによって、これからの高い成長と評価につながる「面白い」仕事が回ってくるチャンスが広がるということです。

実は多くの企業経営者も、自社の「ポジショニング」をどう定めるかについて悩んでいる

実は今、多くの企業経営者が、周囲との関係において改めて自社の「ポジショニング」を見出そうとして悩み、様々な努力や工夫を重ねています。一人ひとりのビジネスパーソンと企業とでは、問題の次元はちがうものの、悩みの本質は同じなのです。

最近、有名な大企業が新たに「パーパス」（存在意義）を定めたり、社会性のあるメッセージを込めた広告キャンペーンを展開したりするのを見聞きする機会が増えたと感じませんか。

●トヨタ自動車は、２０１９年からオウンドメディア「トヨタイムズ」を公開しています。単なる製品の宣伝を超えて、トヨタの経営理念やフィロソフィー、将来のクルマ社会やまちづくりに関わる取り組みの紹介など、幅広い社会的なテーマが扱われています。

●ソニーは、２０１９年に「クリエイティビティとテクノロジーの力で、世界を感動で満たす」という新たに策定されたパーパスを公表しました。創業から70年余りを経て、祖業のエレクトロニクスに加えて、ゲーム、映画、音楽、金融などを多様な事業を営むグローバル企業になった同社にとって、これらの事業をソニーという一つの看板のもとでやっている理由（Why Sony?）を広く社会に示す「ぶれない軸」が必要になったからです。

●エンジニアリングの大手として知られる日揮グループは、2040年ビジョン（目指す姿）として「Planetary Healthの向上に貢献する企業グループ」を打ち出しました。日揮は伝統的に、石油や天然ガス開発に関わるプラントの設計・建設が主力事業でした。2040年ビジョンの策定には、こうした事業で培われた高いエンジニアリング能力の適用範囲を拡張して、より大きな社会課題に応え、地球上の人々の生活と自然環境の両方の改善・向上に貢献するねらいがあると言われています。

なぜ、こうした動きが広がっているのでしょうか？

歴史のある大企業であれば、当然、所属する業界のなかでの一定のステータスが固まっていて、取引先やお客様との信頼関係も長年にわたって築き上げられてきています。しかし、急速に進むデジタル化やグローバル化の流れのなかで、従来の業種・業界の区分が余り意味をもたなくなり、また、これまで付き合いのなかったような新たな協力企業やお客様との関係構築も必要になってきています。当然、採用するべき人材のタイプも変化し、多様化していきます。

伝統的な「ギョーカイ」というキャンバスに描かれた風景のなかで一定の存在感をもっていた名門企業であっても、キャンバスが取り払われた瞬間に、多くの人の視界から消え去るリスクを抱えています。より大きな開かれたキャンバス（＝社会）のなかで、自らの「ポジショニング」を示す必要があるのです。こうした現実を直視せず、これまで慣れ親しんできた相手との関係性のみに、ぬくぬくと甘んじていては、激しい変化に取り残されて、あっという間に「時代遅れ」の存在になってしまいかねません。

前述の日揮の事例のように、社会課題の解決に軸足をおき将来目指すべき姿を大胆に提示して、そこから現在にさかのぼる形（バックキャスティング）で経営戦略を示していくことが求められているのは、このためなのです。個々の企業も、社会のなかでの自社の「ポジショニング」を再定義し、それを起点とする価値創造のストーリーを打ち出せなければ、これからの時代の変化のなかで過小評価をはね返し、継続的な成長を実現していくことが難しくなってきているのです。

企業経営者が抱えるこうした課題は、これからのビジネスパーソン一人ひとりの課題にも相通じるものです。これまでの固定的な関係性が徐々にその意味を失う中で、個人も企業も、自らが何者であるか、周囲にどんな価値を提供する存在なのかを改めて見直し、それを積極的に発信していくことが求められているからです。一人ひとりが自分株式会社のCEOとして、自身の市場価値最大化に向けて独自の「ポジショニング」を明らかにし、それに基づいて「自分広報活動」を行っていく必要性が高まってきている背景には、こうした大きな時代の流れがあるのです。

まず、「仕事から半歩離れた」雑談で周囲のメンバーの課題や関心事に目をむけてみよう

さぁ、あなたも自分株式会社のCEOとして、「自分広報活動」の起点となる周囲の役に立つ「ポジショニング」を固めていくために、具体的なステップを開始することに

しましょう。そのための第一歩として、自分の直属の上司や同じチームの同僚やチームメンバー（部下）、仕事で一緒になることの多い他の部門のメンバーなど、周囲の身近な人たちとの間での雑談の時間を意識的に設ける工夫をしましょう。

仕事から半歩離れた雑談を通じて、彼らが眺めている風景（＝文脈）や、その中での一人ひとりの興味・関心や困りごとがどのあたりにあるのかを具体的に探っていくのです。いきなり雑談ですか？と驚かれるかもしれませんが、これが重要なのです。

雑談といっても、ただ漫然と世間話をする訳ではありません。目先の仕事に焦点を当てた日々のガチンコの打ち合わせだけでは出てこない一人ひとりの想いや悩み、その背後にあるこれまでのキャリアの軌跡、将来に向けた目標や希望、そして、それらから形作られた相手の「文脈」を深く理解することを目的とした、「意思のある雑談」です。それが、あなた自身の「ポジショニング」を見つけ出すための出発点になります。

しかし、勤務体系の多様化に伴い、これまでのようにオフィスの休憩室でちょっと雑談をするとか、就業時間後の「飲みニケーション」で意思疎通を図るとかいった機会も、かなり少なくなってきています。また、そもそも日々の仕事自体が忙しくてわざわざ雑談をするための時間を確保するのは、自分も相手も大変だ、ということだってあるでしょう。そのような中で、急に「雑談しませんか」とお誘いするのも、何となく気が引けるでしょうし、誘われた方にも「急にどうしたの？」と怪しまれかねません。

世の中に出回っている「雑談のすすめ」的な本には、ありとあらゆる雑談のテクニックが紹介されています。これはこれで、時間が許せば試してみる価値がありますが、不特定多数の見込み客を相手にした営業や接客を専門にしている人以外は、すべてを試してみるのは無理ですし、まず必要ありません。

雑談のきっかけづくりに関して、忙しいあなたに私がぜひお薦めしたいのは、何でもいいので相手の（できれば仕事に関係のある）長所や実績をほめて、興味・関心があることを示して、「もう少しお話を聞かせてください」と言って雑談に持ち込む方法、ズバリこの一択です。完全な仕事外の雑談ではなく、「仕事から半歩離れた」雑談と言っているのもそのためです。

例えば、チーム全体のウェブ会議に少し早めに入って待っていたら、同僚の田中さんが入ってきたとします。せっかくのチャンスなので、「田中さん、こんにちは。お久しぶりですね。田中さんがいつもメールで共有される報告書楽しみにしています。きっと田中さんのアタマのなかにはあの10倍くらいの情報が入っていて、それをギュッとまとめると、ああいう報告書になるんだろうなと思っていつも感心して読ませていただいています。今度30分だけ時間セットするので、もう少しその辺を教えてもらえませんか」という風に声をかけてみてはいかがでしょうか。会議で会うことのない相手に対しては、同じような内容をメールにして送っても構いません。

「人は自分に興味を持ってくれる人を好きになる」とよく言われます。だから、あなたが日ごろからよほど嫌われているか、相手の田中さんがもの凄く忙しくて時間的に余裕がないかのいずれかでない限り、このような誘い方をして断られる可能性はほぼゼロでしょう。

そして、予定された「雑談タイム」がやってきたら、最初にボルテージをあげて再度相手をほめてください。人間ほめられると、嬉しいと思うと同時に、そこまで好意や興味を持ってもらえるのなら、もう少し「裏話」的な話も聞いてもらいたい、という気になるものです。そういう「いい感じ」のタイミングをとらえて、例えば次のような質問をしてみてください。

●どういうきっかけでこの報告書を作成することになったのですか？
●この報告書から見えてくる会社としての課題や改善機会は何でしょうか？
●田中さんの上司は、この報告書をどういう風に活用されているのですか？
●報告書を作成する際の情報収集はどうされていますか？ 協力してくれる方はいらっしゃるのですか？
●田中さんとしては、今後この報告書作成の仕事を、どのように活かしていきたいですか？

「口1耳9」の対話を通して相手の理想と現実のギャップを聞き出そう

よく「口2耳8」と言います。口＝自分が話すこと2割、耳＝相手の話を聞くこと8割を目安に会話するのが、ビジネスの会議などを効果的に進めるカギとされています。1対1の雑談タイムでは、「口1耳9」くらいの割合にして、できるだけ相手に話してもらうようにしてください。

永松茂久さんは、ベストセラーになった自著「人は話し方が9割[*5]」のなかで、自分が「話す」のではなく、相手の話を「広げる」のが好かれる話し方のコツであると述べ、そのための技法として次のような「拡張話法」を紹介しています。

▼感嘆：相手の話を聞いた時に受ける感銘の表現
（「ほー」「そうなんですかー」などと「ー」の部分を伸ばして感情を込める）

▼反復：相手の話を繰り返す（相手「実はボク、手話通訳士の資格を持って

いるので」、あなた「へー、手話ですか」など）

▼共感：相手の話に感情を込めて理解を示す（「分かります」「やっぱりですね」「大変でしたね」「がんばりましたね」など、相手の感情に寄り添う表現）

▼称賛：相手を評価する

（「すごい！」「さすがですね！」など、感情を込めて相手をほめる）

▼質問：相手の話を中心に展開させていくためにその後を追いかけて聞く

（「それからどうなったの？」「今はもう大丈夫？」など）

最初の質問を皮切りに、こうした拡張話法のテクニックも採り入れて話すことで、相手の本音に触れる会話に持ち込むことが重要なのです。それによって、相手の理想と現実のギャップがどの辺にあるのかが明らかになり、そこから相手の課題や関心事が浮き彫りになってくるからです。

その際に、次ページの図のような「Want-Got 分析」のフレームワークを用いて、相手のアタマのなかにあることを整理しながら話を聞くようにすると効果的です。

“Want-Got 分析” による課題・関心事の抽出事例
マーケティング部 A さんの場合

理想（Want）

- ▶定期的な報告書作成を通じて、データベースマーケティングの有効性を示し、多くのメンバーに活用してもらいたい
- ▶データベースマーケティングを使って、会社全体の営業・マーケティング活動を効率化し、さらにレベルアップさせたい

現実（Got）

- ▶直属の上司は評価してサポートしてくれるが、毎回自分で報告書を読んでいるだけの状態
- ▶直属の上司の上司にあたる部門長は多忙のせいか、殆ど関心を示していない
- ▶何人かの固定メンバーがデータベースマーケティングの活用事例をいつも共有してくれているが、その他のメンバーは日常業務で手一杯なのか、無反応

A さんの抱える課題・関心事

- ▶どうしたらデータベースマーケティングの活用を、（一部のメンバーにとどまらず）皆が自分ごととらえてくれるのか?
- ▶そのために、どうしたら直属の上司がもっと積極的に動いてくれるようになるのか?

「3割増しでほめる雑談」で上司の上司や部下の部下からも課題や関心事を引き出す

次のステップでは、こうした雑談を自分の部署の同僚や直属の上司だけにとどまらず、上司の上司や部下の部下といった、組織上でやや距離感のある人たちとの間でもやってみます。それによって、周囲のメンバーが眺めている風景がより深く理解できていきます。

上司の上司のような「えらい人」は忙しいから雑談なんてしてもらえないのでは？と思うかもしれませんが、いくらでも方法はあるのです。バカ正直に「雑談」などと言わずに、次の例のように、もっともらしい理由をつけたら良いだけなのですから。

●先に紹介したテクニックを応用して、上司の上司である人が自ら主導している取り組みに関心を示し、「少しだけ個別にお話を聞かせていただけませんか」とか、「実はその件で、日ごろから考えていたアイデアがあるので一度聞いていただけませんか」とか言って、お願いしてみる。

● あなたが異動や転職で外から移ってきた状況であれば、「今度新しく入社（或いは、異動）して来たので、一度ご挨拶をさせてください」と言って10分のアポをとる。これ、転職した際などには、選考プロセスで面接対応してくれた「えらい人」には必ずやるべき。挨拶自体は短く済んだとしても、「お時間ある時にもう少しお話を聞かせていただけませんか」といって、「YES」と言わせる。

● 逆に、上司の上司などが異動や転職で外から移ってきた場合でも、同様のアプローチで雑談タイムをセットする。

さらに、こうした日ごろの仕事でやや距離感のある人たちとの会話の際に効果を発揮するのは、「3割増しでほめる」というテクニックです。相手のやっていることや考えていることを、拡張話法を使って詳しく聞いた上で、例えば次のように多少大げさだと思われるような言い方でほめます。

●「鈴木さんほど深くこうした問題を考えている方にお目にかかったのは初めてです」
●「佐藤さんのこの取り組みは、ウチの部署だけにとどめておくのはもったいないです」
●「高橋さんが縁の下で支えてくださっているから、すべてうまく行っていることがよく分かりました」

相手のことを次のように多少大げさに「盛った」比喩をつかってキャラクター化してほめることも、会話を活性化させて本音を引き出す上で有効なテクニックです。

●「山本さんの仕事は、まさにウチの部の心臓部ですね。山本さんがいないとウチの部全体のビジネスが心肺停止になっちゃうな」
●「田中さんのグラフ作成のスキルは、マジで人間国宝ものですね」

現場で地味に頑張っている人はもちろんですが、職位が上の「えらい人」であっても、自分のやっていることの意味や価値を理解してほめてくれる人というのは、なかなかいないものなので、純粋に嬉しいものです。ですから、こうしたほめ言葉を効果的に会話に差し込むことで、さらに深い本音に触れる話をしてもらえる可能性が高まります。

今まで仕事上での表面的なやりとりをするだけだった周囲の多くのメンバーとの間で、本音に触れる会話を行い、一人ひとりの理想と現実のギャップを知ることで、彼らの抱える課題や関心事のどの部分に共通項があるのか、あるいは、どの部分に大きな溝（相違）があるのか、といったあたりが分かってきます（次ページ図参照）。本章の最初で、周囲のメンバーが眺めている風景と言ったのは、このことです。こうした風景をしっかり把握することが、あなた自身の提供し得る価値と周囲のメンバーの抱える課題や関心事とをマッチさせる「ポジショニング」を考える上で、大きな手がかりになるのです。

“Want-Got 分析 ” を拡張し
メンバーの課題を統合して周囲を眺める

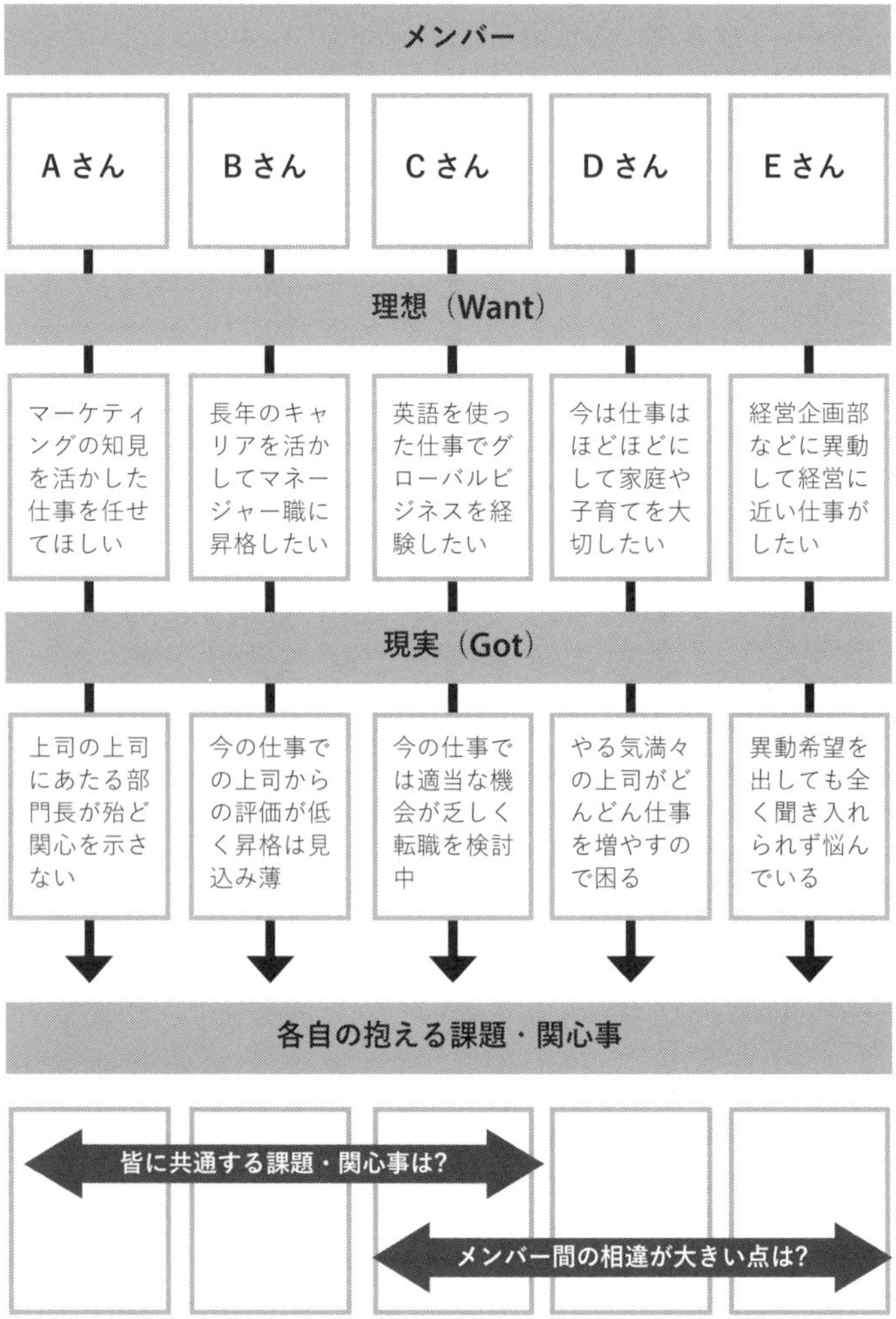
メンバー
A さん
B さん
C さん
D さん
E さん
理想（Want）
マーケティングの知見を活かした仕事を任せてほしい
長年のキャリアを活かしてマネージャー職に昇格したい
英語を使った仕事でグローバルビジネスを経験したい
今は仕事はほどほどにして家庭や子育てを大切したい
経営企画部などに異動して経営に近い仕事がしたい
現実（Got）
上司の上司にあたる部門長が殆ど関心を示さない
今の仕事での上司からの評価が低く昇格は見込み薄
今の仕事では適当な機会が乏しく転職を検討中
やる気満々の上司がどんどん仕事を増やすので困る
異動希望を出しても全く聞き入れられず悩んでいる
各自の抱える課題・関心事
皆に共通する課題・関心事は?
メンバー間の相違が大きい点は?

4つの役割モデルから考えるあなた自身の「ポジショニング」

さあ、いよいよ、これまで分析してきた周囲のメンバーの課題や関心事を踏まえて、あなた自身のとり得る「ポジショニング」について考えていきましょう。以下では、その際のヒントになると思われる4つの典型的な役割モデルについて紹介していきます。

1【救済者】…手の回っていない課題やタスクを自分から引き受ける

誰でも最初に考えるべきなのは、皆が共通に困っている「手の回っていない課題やタスク」とあなた自身のスキルや知見・ノウハウとがマッチする部分に着目することです。ここに「ポジショニング」を見出すことができれば、あなたは周囲のメンバーから「救済者」的な存在とし認められる可能性が出てきます。対象とする「手の回っていない課題やタスク」は、どんな些細なものでも構いません。

例えば、議事録の作成です。会議はするものの「やりっぱなし」になっていて、忙しくてだれも議事録をとったり共有したりできていない場合が多いものです。あなたが文書作成が苦でなければ、議事録作成を買って出ましょう。ダラダラとテープ起こしをしたような議事録ではなく、皆の意見のポイントやそれを踏まえて今後とるべきアクションと検討課題を的確に整理した分かりやすく付加価値の高い議事録を作るのです。単なる作業レベルでの救済者をこえて、情報の整理やリスク把握に長けた人だという評価が得られる可能性も出てきます。

また、在宅勤務が普及したり、勤務形態が多様化したりする中で、同じ職場のメンバーがお互いを知り合う機会が少なくなってきているという「困りごと」を抱えている企業や組織は確実に増えています。あなたの職場にもそうした悩みを抱えるメンバーが多数いて、あなたの得意とするスキルや知見が活かせる何かが提案できれば、意味のある「ポジショニング」をつくるチャンスになり得ます。あなたが写真や動画作成が得意であったり、イベントの企画が趣味であったりしたら、何か活かせる可能性がないか考えてみてください。デジタル系のコンテンツづくりが得意な人だ、企画力があって人と人を結び付けるのが上手な人だ、といった評価が得られるかもしれません。

この他、皆が興味を持っていることに関するちょっとした調べ物とか、皆がやりたがらない面倒な仕事、面倒な顧客やうるさい上司への対応などで、あなたのスキルや経験が活かせる役割があれば、自ら率先して買って出てみてはどうでしょうか。「便利屋」みたいに見られたくないとか、自分の方が年齢やポジションが上なのにとか言った、変な見栄やプライドを捨てることで、今後の可能性を広げるユニークな「ポジショニング」を築くきっかけが得られることでしょう。

「救済者」を起点とした「ポジショニング」を考える際のポイント

あなた自身の得意なことや活かせる経験を想い浮かべながら、次のことを考えてみてください。

☑ 皆がなかなか手が回らなくて困っているタスクはないか?

☑ 皆がいつも面倒に思っている仕事はないか？
☑ 皆が「あったらいいな」と考えていることは何だろう？
☑ あなたが皆の仕事を巻き取ったり、代わりにやってあげたりすることで、どんな「あなたらしい」貢献を示すことができるだろうか？

2【代弁者】…現場の課題や成果をデータで分かりやすく示し伝える

一人ひとりのメンバーはそれなりに頑張って成果を出しているのだけれど、チーム全体としての評価が今一つ高くないという場合があります。その理由として、直属の上司は個々人の日々の努力やその結果を認めてくれているものの、上司の上司やさらにその上の会社の経営メンバーにうまく伝わっていないということもあり得ます。或いは、各人の繁忙度が正確に把握されていないことで、頑張っている割には報われていないという感覚がまん延している可能性もあります。また、一部の仕事でのマイナスの成果が原因で、その他のプラスの成果についても「帳消し」になってしまっているケースも考えられます。

こうしたことがメンバー共通の課題や関心事として存在している場合であって、あなたがデータ分析や図表作成などのスキル・知見を有しているのであれば、成果の「見える化」に率先してチャレンジしてみてはいかがでしょうか。直属の上司は皆の努力を認めつつも、それを自分の上司（皆にとっての上司の上司）にどう伝えたら良いか分からずに困っているかもしれません。そのような場合、あなたが皆の成果を分かりやすく図表などで表して示すことで、直属の上司にもずいぶん重宝がられることでしょう。

また、過去に私自身がゲーム会社で仕事をしていた際に経験したことですが、業績が悪くて常に問題になっている海外の複合エンターテイメント施設がありました。月次の業績会議ではいつも批判の矛先にあげられる始末でした。しかし、施設内の事業を「ゲーム」と「飲食・物販」という2つの部門に分けて、いくつかの仮定をおいて部門単位で経費を振り分けてそれぞれの収益を見てみると、本当に業績が悪くて全体の足を引っ張っているのは「飲食・物販」の方で、「ゲーム」の事業には何ら問題はないことが分かりました。以後、「飲食・物販」の部門の収益性を改善することに課題が絞り込まれることで、より精度の高い施策を検討することが可能になり、また、「ゲーム」の部門を担っていたメンバーはいわれの無い批判から解放されることになりました。

このように、社外のコンサルタントに高額のフィーを支払わずとも、あなたが持っているちょっとしたデータ分析スキルなどを活用することで、周囲のメンバーのモチベーションアップやモヤモヤした気分の解消に貢献することができます。そして、あなた自身も、トータルに課題を分析・把握してくれるので、いざという時に頼りになる人という評価が定着するものと思われます。

「代弁者」を起点とした「ポジショニング」を考える際のポイント

あなた自身が活用できるスキル、特に、何かを分析したり図表化したりするスキルを想い浮かべながら、次のことを考えてみてください。

☑ 頑張っているのに正当な評価を受けていない個人・チームや仕事はないか？

☑ 何が「正当な評価」の妨げになっているのだろうか？

☑ 誰に何をどう「見える化」して伝えたら状況が改善するだろうか？

☑ 「あなたらしい」手法や、やり方で状況の改善に貢献できることはあるだろうか？

3【調整者】…メンバーの立場・背景のギャップや組織間のカベを解消するコミュニケーションに徹する

雑談という名の本音に触れる会話を通して、周囲のメンバー間の認識に「ズレ」があったり、課題や関心事のとらえ方に大きな溝（相違）があったりすることが、明らかになることがあります。例えば、次のような立場や背景の違いが、こうしたズレや溝の発生原因になっていることが考えられます。

- 本社管理部門出身のコーポレート系人材⇕「たたき上げ」の営業系人材
- 新卒生え抜き人材⇕中途採用人材
- 管理職社員⇕一般社員
- キャリア志向人材⇕安定志向人材
- 「グローバル」人材⇕「ローカル」人材
- デジタルネイティブな若手社員⇕デジタル音痴の年配社員

あなた自身のスキルや経験が、こうした認識や見解の異なるグループ間の溝を埋める上で役に立つものである場合には、すれ違いになりがちな双方間のコミュニケーションを助ける独自の貢献を行うことが、あなたの「ポジショニング」づくりにつながります。

例えば、管理職以上のマネジメントと一般社員との間でなんらかの理由で溝が出来ていて、何かに取り組もうとしてもいつもギクシャクしているようなケースがあり得ます。この場合、最近外部から中途採用で入社したあなたの方が、変なしがらみや偏見がないために、双方の言い分を聞きながら目指すべきゴールを明確化して、全員一致団結して取り組むための環境づくりを効果的にサポートできるかもしれません。

あなたが中途採用人材でありながら、今の会社にそれなりに長く在籍していれば、新卒生え抜き人材と中途採用人材の間の溝を埋めるための仕組みを考案して、無用な対立を緩和する上でリーダーシップを発揮できる可能性もあります。

或いは、あなたが英語と日本語の両方を使いこなすバイリンガルであれば、言葉のカべですれ違いがちなガイジンメンバーと日本人メンバーの間に立って、チーム全体が同じ目標に向けて仕事ができるようなコミュニケーションを促すことも可能でしょう。

さらに、こうしたズレや溝が異なるチームや組織の間で顕在化して、部門間の対立構図みたいになってしまうことがあります。営業部門と管理部門や品質管理部門の間の行き違いやコミュニケーション不全などが、よく聞かれる話です。あなたの固有の経験やバックグラウンドが、こうした組織間のカベの解消に役立つようであれば、そこを深掘りしていくことが、他の人が真似できない独自の「ポジショニング」をつくるきっかけになることでしょう。

「調整者」を起点とした「ポジショニング」を考える際のポイント

あなたのこれまでの経験やバックグラウンドを想い浮かべながら、次のことを考えてみてください。

☑ **背景や経験を異にするメンバー間の認識や見解のズレや溝が、組織全体の仕事の妨げになっていることは無いか？**

☑ 自分たちの属するチーム・組織と他のチーム・組織との間の行き違いやコミュニケーション不全が恒常化して、皆が困っているようなことは無いか?

☑ こうしたズレや溝、行き違いの原因となっているものは何なのか?

☑ あなたが自身の経験やバックグラウンドを活かして、こうしたギャップを埋める「架け橋」として貢献できる余地はあるだろうか?

4【開拓者】…真の課題解決に向けて一歩先を示し、周囲を巻き込み新たな取り組みを立ち上げる

これは、周囲のメンバーの課題や関心事を理解しつつ、その一歩先に解決すべき真の課題を見出して、そこに向けてメンバーを巻き込んでいく役割です。この役割を果たすには、あなた自身に、他の多くの人がまだ気が付いていないような独自の先見性とでも

いうべきものが求められます。つまり、「これから先はきっとこうなるよ！」と大きな方向性を指し示して、皆を巻き込むのです。

第1章で紹介したコマツの野路國夫さんの取り組みは、「開拓者」の好例と言えるでしょう。「キャタピラーに追いつき追い越せ」という周囲の共通の課題意識を踏まえつつ、野路さんは米国の炭鉱現場を訪ねて集めた独自の調査データに基づき、「コマツフィールドハンドブック」を作成されました。そして、現場視点・ユーザー視点の重要性を訴え、コマツには何が足りないのか、どこを改善しないとキャタピラーに追いつけないのかを丹念に示すことで、徐々に理解者・協力者を増やして会社全体を巻き込んだ取り組みをリードして行ったのです。

野路さんの例に出てくる「米国の炭鉱現場を訪ねて集めた独自の調査データ」に相当するようなもの凄い知見や経験があれば、言うことはありませんが、それが無くても嘆く必要はありません。将来を読み解く感性をもち、常日頃から様々な分野の最新情報をキャッチしようと努力している人であれば、自分の属するチームや組織の仕事のやり方を眺めていて「そっちじゃなくて、こっちだよ」と言えるようなことは、実はたくさんあるのではないでしょうか。

世の中全体が大きな変革期に突入している中で、先のことが分かる人などほとんどいません。大きな既成の組織の上の方にいる「えらい人」たちの方が、組織の論理でガチガチに凝り固まってかえって視野が狭くなっている場合が多いのです。その意味では、これからは、組織のしがらみに染まっていない若い人の方に、「開拓者」として自らの「ポジショニング」をつくっていくチャンスが開かれているのです。

「開拓者」を起点とした「ポジショニング」を考える際のポイント

あなたが常日頃から注目している分野の最新動向やトレンドをイメージしながら、次のことを考えてください。

☑ 周囲のメンバーの抱える課題や関心事は理解しつつも、「大事な何かが抜けている」ように感じることがあるか？ なぜそう感じるのだろうか？

☑ あなたが「これから先はきっとこうなる」と考える時代のトレンドは自身の属する組織や会社全体にどのような影響を与えるだろうか？

☑「何かが抜けている」という「何か」を言葉で表すとどうなるか？ あなたにはそれを皆に指し示して、周囲を巻き込み新たな取り組みを立ち上げる意欲があるか？

第3章

「ポジショニング」を固め、「自分広報」活動をはじめよう

〝与えられた仕事をやるだけ〟を卒業する

ここからは、前章でみた4つの典型的な役割モデルを起点として、あなた自身がどのように「ポジショニング」を固め、それを促す「自分広報」活動を進めていくべきかについて、詳しくみていきましょう。本章では、「救済者」と「代弁者」に焦点を当てます。この2つの役割モデルを起点にするケースの場合、あなた個人としての取り組みが比較的ストレートに「ポジショニング」構築に活かせる可能性が高いからです。

そして、続く第4章では、「調整者」と「開拓者」を起点とした「ポジショニング」のつくり方をみていくことにします。これら2つの役割モデルからスタートする場合、より広い範囲のメンバーの巻き込む必要があるため、最初の2つの役割モデルの場合に比べても高度な発想や取り組みが求められます。「救済者」や「代弁者」の役割を果たすことを通じて自らの「ポジショニング」を固めて、実績を積んだ上でチャレンジするべき「上級編」と言えるでしょう。（なお、あなたのこれまでの経験や興味・関心によっては、本章をスキップしてすぐに第4章に進んでいただいても構いません）。

いずれの場合においても、求められるのは「与えられた仕事をこなす」というサラリーマン的な発想から、確実に一歩抜け出すことです。上司や会社に対して、作業者としての優秀さをいくら誇示してみせても、過小評価を「そこそこの」評価にかさ上げすることくらいはできるかもしれませんが、たぶんそれ以上の圧倒的な評価アップは望めません。

自分株式会社のCEOとして、企業のCEOの場合と同じく、自らが周囲に対してどのような価値を提供する存在であるかを明確にし、それを日々の仕事のなかで実践するとともに、周囲に発信する（自分広報）ことで、より大きな成長機会をつかみとっていく必要があります。「上司が言っているから」とか、「会社の方針だから」という理由で、ただただ言われたことを穏便にやり過ごす姿勢から決別することが求められるのです。そして、その方が、今の会社にとどまろうが、転職して新たな機会に挑もうが、周囲の評価とあなた自身のやりがいの両方を同時に高められる可能性がグッと大きくなることでしょう。

「救済者」の役割を起点に、スキルや知見を活かして自らの「ポジショニング」を固める

誰もが最初に考えるべきなのは、周囲のメンバーが「手の回っていない課題やタスク」を巻き取る「救済者」の役割を起点にして、自らの「ポジショニング」を固めていくことです。その方法について具体的にみていきましょう。

まずは、余り難しく考えずに、周りの皆が困っていたり手が回っていなかったりする課題やタスクを探してみてください。そして、あなた自身のスキルや知見・ノウハウが活かせるものがあったら、「自分の担当外」だからと言わずに、どんどん手を出してやってみることです。

誰かの仕事に横からケチをつけるようなやり方だと嫌われるリスクがありますが、皆が困っていることに進んで対応するのであれば文句はつけられないはずです。自分の適性や強みに応じて、例えば、次のような誰もやりたがらないけどチームにとって必要な

ことから始めてみてはどうでしょうか。

- SNS（社外向け／社内向け）で最近の自部門の活動を報告・発信する
- 部内親睦を目的としたトークイベントをオンラインまたはリアルで開催する
- 契約書のチェックポイントを一覧化して誰でも使えるようにする
- 勤怠管理のルールや注意点を分かりやすくマニュアル化する
- 議事録や提案資料などの定型化（共通テンプレートの導入）を行う

コロナ禍の中で事業環境も大きく変わり、在宅勤務を含めワークスタイルの多様化や転職の増加などもあって、多くの企業では、これまで慣れ親しんだメンバーを中心とする「あうんの呼吸」での仕事のやり方が通用しなくなってきています。つまり、個々のメンバーの仕事のすき間を埋めるような「のりしろ機能」が枯渇してきて、課題山積なのです。

特に、あなたの直属の上司やチームリーダーなどは、そのことを痛切に感じているに違いありません。「仕事から半歩離れた」雑談などを通じて、そうした隠れたニーズや課題を嗅ぎとって、「じゃあ、私が試しにやってみましょうか」と言って、「頼むよ！」と言われたら、しめたものです。即実行に移してみましょう。

例えば、あなたが、誰も手が回っていない営業会議の議事録の作成を引き受けることにしたとしましょう。作成した議事録が重宝がられたり感謝されたりしたのであれば、そのこと自体は素晴らしいのですが、そこで満足していては、あなたは便利な作業者（＝単なる救済者）にとどまってしまいます。これを自らの確固たる「ポジショニング」に昇華するには、もうひと工夫要るのです。

せっかく引き受けた仕事なのですから、それをいかに「一過性の作業」や「ルーティーン」（定常業務）に終わらせないかという発想が重要です。自分株式会社のＣＥＯとして、この仕事をきっかけに、いかに自分にとっての機会を広げるか、そして、自分株式会社の価値（自分の評価）をアップさせるかを考える必要があるのです。

「自分広報」活動を開始し、自ら流れを作ってその流れに乗る

そこで求められるのが、意識的かつ継続的なコミュニケーションとしての「自分広報」活動です。まず、議事録作成を引き受けた意図やねらいを、周囲のメンバーにも分かるように伝え、意見やフィードバックを求める姿勢を示します。

例えば、直属の上司やチームリーダーも出席する定例ミーティングの場や、関係メンバー全員がチャット等で参加できるコミュニケーションツール上などで、次のような発言・発信をしてみてください。

> チームリーダーの田中さんと相談して、このたび試みに営業会議の議事録を作成して先日皆さんにも公開させていただきました。売上の実績や見込みに加えて、会議の中で共有された個々の営業先企業の状況と競合の動き、それらを踏まえた検討課題、アクションプラン（To Doリスト）などもできる

だけ分かりやすく整理してみたつもりです。チームメンバー間の情報共有と連携強化のためのツールとして活用いただければ幸いです。また、さらに良いものにして行けるように、皆さんからのご意見やご要望をお待ちしています。

あなたの一方的な発言・発信だけだと、多くの忙しいメンバーは何の反応もしないまま過ごしてしまう可能性もあります。そうならないために、前もって、この議事録作成を依頼してくれた直属の上司やチームリーダーの方、或いは、チーム内でこうした取り組みに理解を示してくれる有力メンバーの方などに、「応援メッセージ」を含むコメントを出してもらうように依頼することを忘れないでください。

企業の広報活動にたとえるならば、あなた自身による発信・発言は、企業のホームページにプレスリリースを掲載した状態に過ぎません。それに対して、あなたのチームリーダーや有力メンバーが「応援メッセージ」を出してくれるというのは、少し大げさにたとえると、プレスリリースの内容が有力メディアでニュースとして取り上げられたようなものです。これによって、より多くのメンバーが、興味・関心をもって真剣に受け止めてくれる確率が上がることは間違いありません。

「自分広報」活動は、自分から発言・発信を行うことがすべてではありません。それが、あなたのひとりよがりの思い付きやスタンドプレーだと思われないように、「第三者」の声を使って、あなたに周囲から期待が集まっていると感じてもらえる状態を作り出すことが重要なのです。しかも、それをあなたが裏で仕掛けているように見られないようなやり方で。そして、こうした良い流れをあなたの周囲に意図的に作っておいて、その流れにあなた自身が自然に乗っているように見せていきましょう。

こまめな発信で「定番」の位置を勝ち取り、さらなる提案につなげる

「流れに乗る」といっても、必要以上のパフォーマンスや、「ウケねらい」ともとられかねない発言は、周りの反感を買うリスクがありますので控えてください。ひたひたと

水かさが増して来ている流れに乗って、淡々と必要な役割を果たそうと努めているという見せ方が重要なのです。

具体的には、あなたからの発信・発言に応じてメンバーから上がってきた意見や要望を集約して、議事録の記載内容や見せ方を改善して、それを都度定例ミーティングで発表するということを繰り返していきます。その際、こうした改善が、単に議事録という書類の体裁の改善を超えて、営業担当メンバー間の情報の共有やお互いの協力にとって、どういう意味や効果があるかというあなたなりの意味づけを添えながら発表することで、発表に深みが増すことでしょう。また、意見や要望を寄せてくれたメンバーへの感謝のメッセージも添えることで、「(あなた自身のではなく）彼らの手柄にする」という配慮も忘れてはなりません。

こうしたこまめな発信を繰り返すことで、一見些細なところからスタートしたあなたの自発的な取り組みが、チームの中で「定番」テーマとして認識されるようになることでしょう。そうなってきたら、さらに一歩進めて、効果的な議事録を作成できるあなたのスキルを、周囲の課題やニーズも踏まえながら、次のように対象範囲を広げて活用する可能性を考えて、提案してみてはどうでしょうか。

●あなたが作成した議事録を基本形として、チームの定例会議以外の様々な会議や打ち合わせの議事録や会議メモのフォーマットを標準化する取り組みを進める。

⬇これによって、分かりやすく資料をまとめるというあなたのスキルが、チーム全体の業務の効率化や個々のメンバーでバラバラに保有されがちな情報の一元管理の推進といったニーズ・課題に活かされれば、立派なあなた固有の「ポジショニング」になっていく可能性が高いです。

●定例会議の最初か最後で、あなた自身が、議事録の内容に基づいて前回話し合ったアクションや課題の実施・検討状況をメンバーと確認する時間を設けるようにする。

⬇これによって、多様な情報を的確に整理するというあなたのスキルやファシリテーション能力が、チーム全体のＰＤＣＡ（Plan-Do-Check-Action）サイクルの精緻化というニーズ・課題とマッチさせることができれば、そこにあなたの固有の「ポジショニング」をつくり、定例会議の進捗確認以外のテーマにも当てはめていける可能性が高まります。

一見些細な取り組みから徐々に領域を徐々に広げて、固有の「ポジショニング」を作り上げる

議事録を例にとって話してきましたが、これ以外のケースでも同様に、一見些細な取り組みを皮切りにして、周囲の課題やニーズを踏まえながらあなた自身のスキルや知見を適用するべき領域を徐々に広げ、固有の「ポジショニング」を作り上げていくことが可能です。

例えば、あなた（やあなたの家族）が大のスイーツ好きで、プレゼントや贈答用に使えるお菓子類などに人一倍こだわりをもって日ごろから情報を集めているとしましょう。それを活かして、「営業先にもっていく気の利いた手土産のおすすめリスト」を作ってチームに公開してみてはどうでしょうか。せっかくなので、おいしそうなお菓子の写真やお店のホームページの紹介なども入れて、皆が試してみたくなるように工夫すると良いと思います。そして、これをきっかけにして次のような提案をしてみてください。

●社内用のSNSやチャット等で参加できるコミュニケーションツール上で、「手土産選手権」を実施するので、どのお菓子をどの営業先に持参したか、その時の反応はどうだったかなどを投稿してください、と依頼する。

⬇これにより、「手土産」という共通の話題を触媒にして、日ごろ薄くなりがちな営業メンバー間のコミュニケーションや情報連携が活性化するような雰囲気づくりに寄与できれば、「ぜひ定期的にやってください」

とか、「次の企画も考えて」といった要望が寄せられるかもしれません。営業チーム内のコミュニケーションをユニークな切り口で活性化させるところに、あなた独自の「ポジショニング」ができていく可能性があります。

また、あなたが得意とする写真や動画作成のスキルを使って、最近少なくなりがちな職場のメンバー間の親睦や相互理解のための交流機会を提案・実行して、上司や同僚から喜んでもらえたとしましょう。それ自体、「救済者ポジション」としての優れた貢献と言えるのですが、業種・業態やメンバーのニーズによっては、そこからさらに一歩進んで、次のようなことを提案してみてはどうでしょう。

●写真や動画作成の基本スキルを、あなたが他のメンバーに教えることで、個々のメンバーの業務報告や営業先への提案などでも積極的に写真や動画を活用することを促すようにする。

⬇これによって、業務報告や営業活動のレベルアップというニーズや課題にあなたの持つ写真や動画作成スキルが活かされて、チーム全体の能力向上に寄与することになれば、それがあなたの「ポジショニング」になっていくことでしょう。

もちろん、通常の仕事がある中で、こうした追加の業務をボランティア的に受けて行っては、いくら時間があっても足りないという状態になりかねません。ある程度のところで、直属の上司と相談をして、目標設定の中にこうした「追加の業務」とそれが目指す状態を書き込むようにし、必要であれば、通常の仕事の一部を誰かに代わってもらうとか、優先順位を落としてもらうとかしてください。全体の業務負荷をコントロールしつつ、こうした「追加業務」がキチンと評価される状態をつくっておくことが大切です。

「誰に頼ろう？」であなたの名前が出てくれば、「ポジショニング」が固まってきたサイン

私が「救済者」の役割を意識して仕事をするきっかけとなったのは、30代前半に初めての転職で大手ゲーム会社の海外事業部門に配属された時でした。その会社自体、当時、たたき上げの人から、一芸に秀でた中途採用者、クリエイタータイプの方、中華系や欧米系の外国人メンバーなど種々雑多な人種のるつぼのようなところでした。

そんな中に特別ゲーム業界の経験や知識・人脈もなくただ一人突然放り込まれた私は、これからは自分と誰かと比較するのではなく自分の軸で仕事をつくり、独力でビジネスパーソンとして生き残っていくしかないのだと強く感じたのを覚えています。今思い返せば、あれが、私がささやかながら「自分株式会社」を立ち上げた瞬間だったのでしょう。

当時、その会社では多くの海外プロジェクトが走っていて、それに関わる契約書のチェックが間に合わず、海外事業部門のメンバーも困っていました。たまたま前職で英

文契約書の読み書きなどを一通り経験していた私は、そうした案件の相談に乗るうちに、契約書のチェックシートのようなものを考案して皆に使ってもらうようにしました。当時まだ「自分広報」という言葉は使っていませんでしたが、関連メンバーへの発信や提案を通じて、チェックシートをチーム全員で使うプラットフォームとして定番化することに成功したのです。

これによって、契約書のチェックが効率化されただけでなく、様々なプロジェクトの進行状況把握が容易になり、何かあれば法務部門から私に直接相談が来るようになったりもしました。個別の契約書の作成・チェックの相談に乗るという些細な仕事がきっかけとなって、少しずつ私の仕事の「ポジショニング」が出来ていったように思います。気が付いたら、社長直下での仕事も数多く任されるようになっていました。

このように、「ポジショニング」が固まってくると、直接の上司部下のライン以外のところからもあれやこれやと相談が持ち込まれるようになります。色々な人が、「そのことだったら、〈あなた〉に聞いてみたら」と言うようになるからです。ここで「なんで私がそこまでやらないといけないの?」と切って捨ててしまっては、今までの努力が水の泡になります。面倒くさがらずに、相談に乗るように心がけましょう。

ただ、手を動かして対応しなければならない仕事を頼まれるままに丸ごと安請け合いしていては、いくら時間と体力があってもいずれ回らなくなります。あなた独自の知見やノウハウ、或いは、その基礎になっている物の見方や考え方などに基づいて、相談してきた人に具体的なアドバイスを提供して、実際の仕事は当の相談者にやってもらうようにすべきでしょう。「また何かあったら、遠慮なく相談してくださいね」といつもオープンな姿勢で対応するつもりがあることを忘れずに伝えるようにすれば、きっと相手に好印象を残すことができるでしょう。

下足番を命じられたら日本一の下足番になってみろ。そうすれば誰も君を下足番にはしておかぬ。

これは、阪急東宝グループ（現・阪急阪神東宝グループ）の創業者・小林一三さんの言葉です。歴史好きの方はよくご存じのように、これは、織田信長に仕え始めた当初、豊臣秀吉（当時は木下藤吉郎）が信長の草履取り（主人の草履を持ってお供をする仕事）

を命じられた際のエピソードに基づいています。

秀吉は、冬の寒い季節、信長が草履を履いても〝ひんやり〟しないようにと、草履を自分のふところに入れ暖めておいてから信長に差し出し、信長に気に入られます。「草履取り」というこれといって面白味の無さそうな仕事を任される中で、他の武士たちとは一味違う「細やかな心遣い」という自身の強みを、主君である信長に実体験を通じて伝えることに成功したのです。これがきっかけとなって、秀吉は信長から認められ、さらに大きな仕事を任せられて行ったと言われています。

このエピソード自体、どこまでが事実なのかという疑問はありますが、「救済者」の役割からスタートして自身の強みと上司を含む周囲の課題やニーズとをうまく結びつけて、固有の「ポジショニング」を築いていくきっかけ作りについて考える上で、秀逸な事例だと思います。一見つまらない仕事、面倒で誰もまともに対応していない仕事、皆が押しつけ合っているような厄介な仕事、こんな仕事にこそ、「救済者」として一肌脱いで、ひと手間余計にかけることで皆が助かり、さらに、あなた自身の固有の価値が示されるチャンスが潜んでいるのです。

「代弁者」の役割を起点にして「ポジショニング」を固めるには

次に、「代弁者」の役割を皮切りに自らの「ポジショニング」を固めるアプローチをみていきましょう。このアプローチは、周囲のメンバーの「理想（Want）」と「現実（Got）」のギャップについての本音の話を聞く中で、多くのメンバーに共通する次のような課題が浮かび上がってきたときに、特に効果を発揮する可能性が高いものです。

- ●一人ひとりのメンバーは精一杯頑張って仕事をしているが、チーム全体としての評価が今一つ（その結果、一人ひとりの評価も今一つ）である
- ●多くのメンバーが繁忙感に苛まれつつ、仕事のやりがいや達成感を感じられないでいる
- ●周りのチームや部門などからの評価もさほど得られておらず、メンバーが自分のチームにプライドを持てないと悩んでいる

このような状況を放置しておくと、メンバーがモチベーションを下げて、次々に辞めていったりしかねません。こうした背景には、チームの仕事の実態や価値が十分に理解・伝達されないまま、コストの削減や効率化といった実態とかけ離れた数値尺度でのみ評価されてしまっていることが多いようです。

例えば、お客様相談窓口を担当する部門などで、多種多様な顧客の質問やクレームに対応することに皆が忙殺されている割には、コストセンターとしてしか見られず社内でも評価されていないといったケースがあり得ます。近年では、モンスタークレーマーと呼ばれるような悪意のある攻撃的な顧客からの執拗な電話・メールへの対応が加わり、メンバーの徒労感やストレスがさらに高まっている可能性もあります。

また、販売促進部門などで、販促費や人件費の予算内でのコントロールが強く求められる一方で、メンバーが取り組む個々の販促活動の成果などについては、それほど深く評価されていないような場合があるかもしれません。様々な商品やサービスに関する「やらされ仕事」の量ばかり増えて、そのトータルでの成果も分からないので、評価もされず、その結果モチベーションが下がっていくという悪循環に陥る危険があります。

ここまで深刻ではなかったとしても、チームとしての仕事の成果や価値が直属の上司やチームリーダーには「肌感覚」として何となく理解されているものの、「そこ止まり」というケースが意外に多くあるものです。意識的なコミュニケーションがなされていないため、その上のメンバーや、隣接する他の部門などには、「色々やっていて忙しくしています」という以上にはほとんど何も伝わっておらず、まともに認識もされてもいないのです。

あなたが、こうしたチームのメンバーの一人にすぎない（リーダーや責任者ではない）としても、この状態は「他人事」ではないはずです。チームリーダーも何とかしないといけないと悶々と思いながらも、どこから手を付けたら良いのか分からず悩んでいるに違いありません。あなたがデータ分析や図表作成などのスキル・知見を少しでも有しているのであれば、それを活かして固有の「ポジショニング」を確立し、評価アップとさらなる飛躍につなげるチャンスとしてとらえてみてはどうでしょう。

背伸びしすぎずに、まずできることから始めてみる

「代弁者」だからと言って、チームリーダーやチームメンバーの期待を一身に背負って立つようなことを考えると、気が重くなります。まずは、何となく沈滞しているチームの中に、少しだけ新たな、これまでと違った流れをつくることから始めましょう。

最初の一歩は、月一回のペースでチームの活動やその成果をまとめた「今月のハイライト」を作成して、チームリーダー（直属の上司）の上司や、社内の関係部門に配信するようにすることです。おすすめの編集方針は次のとおりです。

- メールで配信する場合でも、分量はA４紙一枚程度にする。
- 「全部盛り」の資料ではなく、「一押し」で伝えたいハイライトのみを記載する。
- グラフ、図、写真などで、とにかく分かりやすく表現する。
- 以上をふまえて、だれでも３分以内でパッと読んで理解できる内容にする。

たいていのチームや部署では、月次の業務報告のようなものを社内の誰かしらに送付・

配信していると思います。どのような内容のものが、誰に送られているのか、それがどのように活用されているのか、改めて現状を確認してみてください。

ありがちなのは、どこから見たらよいか分からないような生のデータや、それらをさらに細かく分析した「玄人はだし」のまとめ資料が、そのままドーンと何十名もの宛先にメールされているパターンです。一体これを誰がまともに見てくれるのでしょうか。これでは、取り敢えず仕事をしていますという「アリバイづくり」にはなっても、チームの活動の内容や成果がほとんど何も伝わりません。

あなたが編集長となって、先に述べたような編集方針に基づく「今月のハイライト」の作成を開始することを、さっそくチームリーダーに提案してみましょう。その際に、既存の業務報告が「イケていない」と批判しているように聞こえる言い方は絶対に避けましょう。業務報告に代わるものではなく、それを補完するコミュニケーションツールとして提案する方が、角《かど》が立たないはずです。

詳しく知りたい方にはこれまで通り業務報告のデータを見てもらえば良いですが、忙しい方に「これだけは見てください」というメッセージをつけて「ハイライト」の方に誘導するようにしてはどうかと思います、といった感じで提案するのです。

「今月のハイライト」を使って「自分広報」活動とチーム全体の広報活動を同時に進める

チームリーダーから「ＯＫ」をもらえたら、チーム内にもリーダー名で次のような形で発表してもらいましょう。

> 私たちのチームの活動の内容や成果を、チーム外の関係部門のリーダーやメンバーの方々により分かりやすく伝えて理解を深めていただけるように、今後、既存の業務報告に加えて『今月のハイライト』を作成・配信することにします。皆さんの活動の成果やそこから得られた知見などで、これだけは

社内のすべての関係メンバーに知っておいてもらいたい、というものを選りすぐってできる限り分かりやすく伝えていきます。
『今月のハイライト』の編集長を山田さん（＝あなた）にお願いすることにしました。情報の収集などに関して依頼があれば、皆さんもぜひ積極的に協力してくださるようお願いします。

このようにチームリーダーから発表してもらうことで、あなたが「今月のハイライト」の編集・発行という目的でチーム内の様々なメンバーに相談をしたり、情報提供を依頼したりすることが可能になります。「今月のハイライト」をきっかけとしたあなたの「自分広報」活動が一気に進めやすくなるのです。

例えば、お客様相談窓口を担当する部門であれば、「今月のハイライト」で今月の問合せ件数テーマ別トップ5とか、今月の注目問合せ急増テーマトップ3とか、販売促進部門であれば、今月最も成果が上がった販促企画トップ5とかいう風にランキング手法を使うのが効果的です。すべてを説明しようとせずに、「赤丸急上昇中」のこの話題に注目！という感じをかもし出しながら、とにかく分かりやすい話題に絞り込んで編集を試みましょう。

余裕が出てきたら、該当するテーマや話題に深く関わっている担当メンバーにも登場してもらい、営業部門のメンバーに知ってもらいたい背景情報や留意点などのコメントを入れるようにします。あなたが一人で勝手に作っているのではなく、多くのチームメンバーに発信機会を提供しているのだ、という見せ方にすることが重要なのです。

また、「今月のハイライト」の発行がある程度軌道に乗ってきたら、ぜひ情報の受け手である他の部門の関係メンバーにも取材を申し込んでみてください。「今月のハイライト」の内容だけでなく、そこから知り得たあなたのチームの活動に関する感想や期待・要望などを話してもらい、そのエッセンスを次回の「ハイライト」の中でも紹介するようにするのです。特にチームの活動への感謝の言葉などが得られたら儲けものです。必ず紹介するようにしましょう。チームメンバーにとっての励みになりますし、その他の読者メンバーに対しても、これまで余り評価されてこなかったチームの活動の価値をアピールすることにつながるでしょう。

「今月のハイライト」の編集の中心的な役割を担うことで、チーム全体の広報活動と並行して、あなた自身の「自分広報」活動を幅広く展開できるようになることが大きなポイントです。これによって、あなたが持ち前のスキルを活かして「ハイライト」の編集をリードしている姿がチームの内外に発信されていきます。

またこれまで、ともするとバラバラになりがちだったチーム内の情報や、チームの外の関係部門の情報が、あなたのもとにどんどん集まってきます。そうした情報を注意深く眺めるようにすることで、メンバー間のノウハウ共有を通じた業務改善の可能性や、数か月先のスケジュールを見越した段取りの必要性など、様々な気づきが得られるようになります。

チーム全体としてのＰＤＣＡサイクルを回す推進力に

「今月のハイライト」の制作・発信が軌道に乗ってくると、半年単位や一年単位でのチームの活動内容・成果のとりまとめと共有・発信も、これまでよりはずっと容易になることでしょう。毎月の「ハイライト」を該当期間分集めてみて、それらを通してポイントとなる重要なところを中心に情報を整理すれば済むからです。

これによって、向こう半年・一年の活動計画を考える際の「ベースライン」が整えられることになり、今後の計画づくりの精度も上がっていくに違いありません。半年とか一年とかの締めくくりのタイミングでは、「上半期のハイライト」や「今年度のハイライト」といった「特集版」を作成して、足もとの活動成果だけでなく、今後のプランや目標についても分かりやすく打ち出すようにしいても良いでしょう。

また、こうした活動内容・成果のとりまとめをきちんと行うことは、チームメンバー間の情報の共有が進み、お互いがお互いの仕事の内容や成果についての理解を深めることにつながります。それによって、メンバー間でより一層のノウハウ共有や連携協力が進めば、チーム全体の作業効率やパフォーマンスも向上していきます。

こうなれば、チームリーダーにとっては、あなたの取り組みが、チーム全体の

PDCAサイクルを回して行く上で欠かせないものになっていきます。「今月のハイライト」の編集長という個別の役割をこえて、チーム内外の情報の結節点としてのあなたの「ポジショニング」が確かなものとなり、それが時とともにより強固なものになって行くはずです。そうなれば、チームリーダーや他のメンバーからのあなたへの評価がアップし、より大きな活躍機会を手にいれるチャンスも増えることは間違いありません。

周囲の期待値をコントロールして、「身の丈プラスアルファ」を守る

本章では、「救済者」と「代弁者」の役割を起点として、「自分広報」活動を推進しながらあなた自身の「ポジショニング」を築いていく方法を説明してきました。自らの強みを活かして率先して役割を担い、「自分広報」活動を通じてその役割を広げていくことで、「与えられた仕事をこなす」というサラリーマン的な発想から、確実に一歩抜け

出すことにつながります。ただし、こうした取り組みを進める上で、周囲の期待値をいかにコントロールするかという点が重要になりますので、最後にその点に一言触れさせてください。

企業の広報やIR（投資家向け広報）においても、今後の事業計画・収益予想や、それを支える様々な戦略・施策について積極的に情報を発信することはとても重要です。ただ、それによって、お客様や株主を含むステークホルダー（利害関係者）に将来に対する行き過ぎた期待を与えてしまうと危険です。実績が期待を下回る結果になったときに、期待が失望に変わるからです。実績が期待を下回る度合いが大きくなればなるほど、失望は膨らみ、極端な場合には、会社自体の社会的信用を損なうリスクにつながりかねません。

「自分広報」活動を行う場合にも、自分株式会社としての信用を失うような事態は絶対に避けなければなりません。あなた自身の発信が、周囲のメンバーにどのような期待をもって受け止められているかを鋭敏にキャッチする必要があります。相手が直属の上司やチームリーダーのような責任ある立場の方であればもちろんですが、それ以外のメンバーの受け止め方なども注意深く観察しておかなければなりません。そして、次のような「危ない兆候」が少しでも発生する可能性があれば、素早く対応してリスクの芽を摘んでおく必要があります。

- あなたがやろうとしている事に、周囲が実態以上の「過剰な期待」をしている可能性がある場合
- 勘違いや誤解によって、あなたの意図が正しく伝わっていない場合
- あなたが当初想定していた以上にお金や時間がかかることが分かった場合
- 想定外の理由や出来事によって、予定通りに物事が進まない事態になった場合など

ただ、この場合、「それはできません」とか「そこまでは私は約束していません」といった否定文でひたすら予防線を張るようなものの言い方は、できるだけ避けるように工夫してください。「自分から進んでやると言っていたのに、話がややこしくなると逃げるのか」と思われてしまいかねないからです。また、そういう印象を一度与えてしまうと、次に何か提案しようとしても、「あいつは口だけだから、信用しない方がいいぞ」といっ

たイメージでとらえられる危険もあります。

こうした場合には、次のような言い方を参考にして、相手との「前向きな会話のキャッチボールをつなぐ」という発想に立ってコミュニケーションをすることをおすすめします。

●将来的には色々と取り組み範囲が広がっていく可能性はありますが、まずは足もとの課題に焦点を当ててやりきるところまで行かせてください。

➡当面の具体的なゴールを示し「まずはそこまでやる」ことを明らかにする

●足もとの課題を片づけた後の展開については、私一人の手に余るので、どういう体制や進め方でやるかは改めて相談させてください。

➡自分一人でやる範囲を明確にしつつ、先々で他のメンバーの協力を促す

●初めてのことなので、進めながら軌道修正をかけていくことになると思います。皆さんにも随時状況を報告しますので、ぜひ遠慮なくご意見をください。

↓不確定要素が多いことを示唆しつつ、皆と相談して進める姿勢を強調する

●今ご提案したやり方で、一旦これから3ヶ月間やってみた上で、その後の進め方を見直すということでいかがでしょうか。

↓一定の期間内でのトライアルとして見てもらいたいという意図を伝える

こうした期待値コントロールと、それを踏まえた前向きな会話のキャッチボールが自然にできるようになると、あなたに対する周囲からの信頼はさらにグッと上がります。あなたの「ポジショニング」がより強固になり、自分株式会社の価値向上にも確実につながるのです。

第4章

「ポジショニング」の守備範囲を広げてリーダーシップを持とう

「ポジショニング」が決まるとリーダーシップが備わってくる

ソニーの会長兼CEOを務めた出井伸之さんは、逝去される直前に出版された「人生の経営」[*6]の最後のところで、次のように語っています。

「一人ひとりがその人自身のCEOであり、それぞれの信じるビジョンを描き、その実行のために決断、アクションを起こす必要があります……（中略）……自分でできないことは周りの力を借りて、またあなたが得意なことは、その力を周りの人のために使いながら、いくつになってもあなた自身があなたの人生のCEOであることを忘れずにいてください。」

CEOとして自分株式会社を経営するには、自らの「ポジショニング」を固めることで周囲のメンバーとの接点を広げ、より大きな成果につながる機会ととらえる発想が欠かせません。出井さんも言われているように、「自分の力を周りの人のために使う」だけでなく、「自分でできないことは周りの力を借りて」スマートに実現していくという考え方が重要です。あなた自身の「ポジショニング」が明確になることで、逆にあなたに「足りないところ」も示しやすくなるので、そこを得意な人に補ってもらえばよいのです。

こうした発想に立ってより多くのメンバーと接していくと、あなた自身に自ずとリーダーシップが備わり、より一層多くのメンバーを巻き込んで高い成果を追求することも夢ではなくなります。本章では、こうした視点から、「調整者」と「開拓者」を起点とした「ポジショニング」のつくり方をみていくことにします。

色々な場面で力を発揮する「調整者」の役割と可能性

立場や背景の違いから来るものの見方や考え方のズレなどが原因で、何となくギクシャクしがちな異なるグループ間の溝を埋め、双方のコミュニケーションの円滑化に貢献するのが、「調整者」です。「調整者」として自分のチームに貢献することは、その気になれば、ちょっとした知恵と工夫で色々な場面で行うことができます。

例えば、あなたの所属するチームにとって日ごろから関係がギクシャクしがちな取引先や同じ社内の異なるチーム・部門などに、あなたが信頼できる知り合いを持っていたりする場合、それを活用する手があります。あなたの知り合いのツテを通じて、先方の本音の意見を聞き出すことで、日ごろの「ギクシャク」の原因が突き止められるかもしれません。「なんだ、そんな勘違いが原因だったんですね」ということだってあり得るのです。

こうしたきっかけを活かして、相互理解を深めることができれば、チーム全体にとって大きなプラスになります。状況によっては、あなたが幹事役を買って出て、先方とあなたのチームのメンバーとの懇親会やゴルフコンペを開催するなどして、一気に良好で親密な関係づくりを進めることだってできるでしょう。

また、現在企業の国内事業部門に所属しているあなたが、元々はＩＴ（情報テクノロジー）関係の仕事をしていたとか、海外で生活した経験があって外国語が使えるとかいった、他の人にはない固有のバックグラウンドを持っていれば大きなプラス要素です。それらを積極的に活かすことで、「調整者」として社内のＩＴ関連部門や海外の提携先などとのコミュニケーションの改善に一役買えることでしょう。

海外の相手とのやりとりはもとより、相手が同じ日本人同士であってもＩＴ系の人とそうでない人との間では、そもそもの常識や話す言葉に大きな開きがあって、「普通に話せない」といった状況に陥りがちです。ミーティングなどの場で、あなたが両方の気持ちや意図が理解して双方にとっての「最適解」を示すようにガイドすることができれば、貢献度は非常に大きいといえるでしょう。

あるいは、あなたが、同じ出身地や出身校、過去の仕事上の関係などのよしみで、通常であればなかなか直接アクセスできない社内外のキーパーソンなどと連絡を取り合えるような関係にある場合があるでしょう。あなたのチームの抱える課題や仕事上の必要性によっては、こうした「コネ」を活用してキーパーソンとのつながりを活かすことが、「調整者」としての威力を発揮する上でプラスになるかもしれません。

ただ、こうしたコネを多用すると、「虎の威」を借りて仕事をする要注意人物として、周りのメンバーから警戒されるリスクもあります。また、相手が「偉い人」である場合、何かを頼んだつもりが逆に想定外の宿題をもらって引っ込みがつかなくなったり、その方自身に思わぬところに「敵」がいることがあとから判ったりして、かえって仕事がやりづらくなるリスクもありますので、くれぐれも注意してください。

「調整者」の役割を起点に自らの「ポジショニング」を固めるには

このように、あなた自身の経験や人的なつながりなどを活用して、「調整者」として異なる立場や背景に由来する違いの克服に貢献できる場面は、色々な形で作り出すことができます。しかし、これを「ポジショニング」といえるところまで持っていくには、「ワンポイントリリーフ」的な一過性の貢献に終わらない工夫が求められます。

あなた自身のスキルや知見、固有の強みや経験を活かした「調整者」としての貢献が、最初は小さなものであっても継続的な形となって現れるような流れを設計し、それが次第に広がっていくような仕掛けをつくることが必要なのです。そのためには、あなた自身がそうした「調整者」の役割を担うことに、人一倍の使命感とパッション（情熱）を持っていることも大切です。

そして、使命感やパッションに基づくあなた自身の発言・発信が加わることで、あなたの上司や同僚、調整の「相手先」となるチームや組織のリーダーやメンバーもより広く巻き込まれていけば、取り組みが「見える化」され、さらに勢いをつけていくことでしょう。周囲の関連メンバーの理解やサポートの輪が広がることで、あなたの取り組みへの評価が高まります。自分株式会社の価値（自分の評価）向上につながるのです。こうした「好循環」を生み出す、「自分広報」としてのシナリオを持つことがきわめて重要なのです。

例えば、あなたが現在営業部門に所属しているけれども、人事に関わる仕事に興味があって自分でも少しだけ勉強をしてきた経験があるとしましょう。営業部門と人事部門というのは、同じ会社の中でも、何かとコミュニケーションの行き違いが起こりやすいものです。

勤怠管理ひとつとっても、人事側からすると、営業部門は勤務実績や残業などのデータの入力がいつも遅れたり、所定以上の残業が発生していてもお構いなしだったりして、困ったものだという感じのことが多いものです。他方、営業側からすると、データ入力や勤怠の手続き、残業時間の管理などそれぞれに複雑な仕組みやルールがあって、何をしたら良いのかさっぱり分からないというのが多くのメンバーの本音だったりします。

つまり、この2つの部門の間には、何かにつけて大きな溝ができやすいのです。あなたが人事に関するスキルや知識が普通の人以上には持っていて、使命感やパッションを感じられるのであれば、「調整者」の役割を果たすことをきっかけにして、あなた固有の「ポジショニング」をつくっていくことができるでしょう。

「フット・イン・ザ・ドア」できっかけをつかむ

では、どこから手を付けるか。ダイバーシティ（多様性）推進だとか、働き方改革だとかいったテーマで、人事部門の指示で営業を含むすべての部門で「推進担当」を置くように定められている場合がありますが、そういうポジションが社内で求められている場合は、迷わず立候補するのも一案です。そうしたチャンスが無くても、目標面談などの機会をとらえて、「チームや部門全体のダイバーシティ推進や働き方改革に貢献する仕事を、一定の時間を割いてやらせてほしい。目標にも含めることを認めてほしい」と言ってみてはどうでしょうか。

直属の上司が「そんな余計なことをやる暇があったら、もっと本業の営業の仕事に力を入れてほしい」と言ってくるタイプであっても、諦めるのはまだ早いです。上司の上司にあたる部門長などに直接あなたの熱意を伝えてみてはどうでしょうか。子育て経験がある（或いは、今子育て真っ最中）とか、過去に少しだけ人事の仕事を経験したことがあるとかいった「売り」となるポイントがあれば、忘れずに伝えるようにしてください。

「子育て中のメンバーの声を聞いて、子育てと仕事の両立をしやすくするための改善提案を出すようにします」とか、「残業時間の多い人と毎月個別に状況を確認して、どうしたら残業を減らせるかについてレポートを上げるようにします」とか言ってみてはどうでしょうか。営業部門全体の責任者として人事から耳の痛いことを聞かされる立場にある部門長であれば、「実は前から困っていたんだよ。是非やってくれないか！」となる確率が高いはずです。

あまり最初から過大な期待を持たれても困るので、最初は、前述のようなレポートをつくって、直属の上司や部門長を含むリーダーメンバーが集まるミーティングなどで定期的に報告するあたりから始めるのが賢明でしょう。心理学などで「フット・イン・ザ・ドア」テクニックと言われる考え方に通じるものですが、「ダイバーシティ」だとか「働き方改革」だとか、大きなテーマは掲げつつも、最初は「まずここだけやらせてください」と小さくスタートするのです。そして、頃合いや周りの協力状況を見きわめながら、少しずつ取り組み範囲を広げていくことを考えましょう。

スタートするにあたっては、部門長には、あなたがこうした役割を担うことになったことを、部門全体か関係メンバーにあててきちんと発表してもらうことも忘れないでください。これが、「自分広報」活動を展開するきっかけになるからです。

そして、あなたからも、メールや関係メンバー全員がチャット等で参加できるコミュニケーションツール上などで、次のような発言・発信をしてみてください。あなたがどうしてこういう役割を買って出たのかという想い（Why）を交えてメッセージを伝えることで、皆さんがこれを気持ちよく受け止めて協力してくれるようになる筈です。

先日発表されたように、このたび私は、部門長から部門全体の働き方改革推進担当に任命されました。非常に重要なテーマですが、出来るところから皆さんの協力を得て着実に前進していきたいと思います。

第一歩として、今月から、所定の月間残業時間の上限を超える残業をされた方に私から個別に状況を確認して、考えられる改善機会などを含めて部門長とリーダーの方々にレポートをするようにします。

私自身、子育てと仕事の両立に日々試行錯誤している立場でもあります。どうしたら部門全体で力を合わせて仕事の効率を上げ、残業を減らしていけるのか、皆さんと一緒に考えて行きたいと思います。皆さんのご協力をお願いいたします。

「相手方」の部門・組織からも「調整者」として認知され評価される存在となる

あなたがスタートさせた月次のレポート作成を軸とする「働き方改革」の取り組みが、部門内で部門長やリーダーたちからも認められ、軌道に乗ってきたら、部門長に依頼して人事部門にもあなたが営業部門の「働き方改革推進担当」であることを伝えてもらってください。これによって、人事部門からみても、何か相談事がある場合には、部門長に代わってあなたが「窓口」として対応してくれる存在であることが明確になります。

そしてこれをきっかけとして、一方的に窓口として相談を受けるだけでなく、あなたからも人事部門のメンバーへの積極的な発信を行うようにしてみましょう。あなたが中心になって営業部門内で進めている取り組みを、月次のレポートの中身やそれを踏まえた具体的な改善施策などに焦点をあてて発信していくのです。人事部門の関連メンバーだけでなく、可能であれば、人事部門長などにも伝わるような発信方法・チャネルを工夫してください。

おそらくこうした「自発的な」取り組みを率先して行って、それをまとめて報告をしてきてくる部門というのは稀《まれ》であることから、人事部門内でもあなたの存在は際立ったものになるはずです。こういう協力者・理解者がすべての部門にいてくれたら助かるのに、という風に映るのではないでしょうか。

余力があれば、勤怠管理の複雑な仕組みを営業部門内で分かりやすく解説するセミナーを自主開催するなど、営業部門のメンバーに寄り添った啓発プログラムを実施してみても良いでしょう。人事部門内では、あなたの自発的な取り組みを「好事例」として他の部門にも紹介しようという話になるかもしれません。営業と人事という異なる部門間の「調整者」の役割を起点として、人事が分かる営業パーソンであり、営業部門の働き方革推進のパイオニアとしてのあなたの固有の「ポジショニング」が徐々に輪郭を現わしてくることでしょう。

「調整者」として価値を発揮する上で重要なのは「相手方」の本音を引き出すこと

このようにして「ポジショニング」が出来てくると、人事部門内の様々な情報も引き出しやすくなります。「仕事から半歩離れた」雑談の手法なども駆使して、相手方である人事部門のメンバーから本音の情報を得られる関係を構築するよう努めてください。そうした情報が得られれば、営業部門内での個別の事情に応じた対応方法を検討する際にも、あなた自身のアドバイスの切れ味が増していくので、営業部門内でのあなたへの評価や信頼もさらに急速に高まっていくからです。

元国連紛争調停官で世界の様々な紛争地で調停交渉にあたった国際交渉のエキスパートとして知られる島田久仁彦さんは、「交渉前に交渉する相手と徹底的に雑談をする。相手の趣味をしらべて質問して、相手にしゃべらせることで、ラポート（相手との心と心のつながり）を構築する」と言われています。[*7] 交渉の前日に夕食などを共にするようにこちらからオファーをし、そうした機会をとらえて、本番の交渉テーマとは無関係な相手の関心事や最近はまっていること、こだわりなどについて自由に語ってもらって、「相手を知る」ことに主眼を置くそうです。

緊迫した国際交渉に臨むからこそ、それに先立つ形で交渉相手の人間的な背景や関心事を知ることが、「交渉やコミュニケーションをスムーズに進めるために、とても効果的な手段」になるというのです。島田さんほどの緊迫感は無いとしても、ビジネスの場において、異なる部門や組織を相手にして「調整者」としての役割を果たす上において、相手方からの本音の情報が得られるような関係性が必要不可欠です。そうした関係性をいかに維持しつつ強化していくかが、「調整者」としてのあなたの「ポジショニング」を固めていく上で重要になるのです。

自分なりの課題認識を温めながら「開拓者」へとステップアップするきっかけをつかむ

これまで、「救済者」、「代弁者」、「調整者」といった役割モデルを起点にして、あなた自身の「ポジショニング」の作り方についてみてきました。こうした取り組みを進める中で、自分株式会社のＣＥＯとしての自覚と自信が徐々に固まってきたことと思います。また、与えられた仕事をただただこなすだけサラリーマン的な発想から脱皮して、「ＣＥＯ」として周囲のメンバーと対話し、様々な取り組みを自発的に行うことで、あなたが属するチームや組織、さらには会社全体が抱えるより深い本質的な課題が見えてきたのではないでしょうか。

そうした課題の裏には、必ず埋もれた機会や可能性があるものです。例えば……

- 技術志向が強くてお客様視点でビジネスが行われていないのであれば、お客様の声や意見を日々の意思決定や営業活動に活かせる仕組みづくりという点で改善機会があるはずです。

- 部門やチーム間の風通しが悪くて何かやろうとしても足並みが揃わない組織であれば、共通のビジョンや目標を明確にし、日々の活動の成果や課題を相互に共有していくことで「ワンチーム」としてのパフォーマンス向上が期待できます。
- デジタル変革が遅れている組織の場合、他社の先行事例を研究して緊迫感を共有し、そもそもの変革の必要性や達成すべきゴールイメージを明らかにすることで、推進体制の強化・立て直しを行う余地があるでしょう。

これらはいずれも、あなた一人で解決できるような課題ではないかもしれませんが、あなた自身、「もっとこうしたらいいのに」、「自分だったらこう考えるのに」という想いを募らせるものがきっとあるはずです。そのようにあなたが「引っ掛かり」を感じる課題というのは、あなたの知見やスキル、関心事などと密接に関係するものにちがいありません。

自分株式会社の価値向上につながる新たな機会をつかむためにも、そうした「引っ掛かり」を大事にしてください。そして、関連するテーマについて日ごろから情報収集をし、気心の知れたメンバーと意見交換などしておくことも重要です。

その理由は、あなたの「ポジショニング」が出来てくるにつれて、上司であるチームリーダーや、上司の上司にあたる部門長のような人から、色々新たな仕事の相談が舞い込んでくるようになるからです。「全社で推進している業務変革プロジェクトに部門代表として参加してほしい」とか、「新たに立ち上げる部門全体のサービス品質向上活動を担当してくれないか」とか、さらには、「メンバーの貢献意欲や、やる気の向上に向けたアイデアをまとめてもらいたい」とか、色々と複雑で厄介そうなお題での相談が突然入ってくる機会が増えることでしょう。

これら全てにまんべんなく応えていたら大変なことになるので、お断りするケースや必要最低限の対応で済ませるケースも出てきて当然です。しかし、あなた自身が「引っ掛かり」を感じる課題と関係のありそうなテーマについての相談の場合には、まだ誰も手を付けていないものであっても、見逃さずにチャンスをつかまえましょう。そうしたテーマに先頭に立って取り組む「開拓者」の役割を果たすことで、あなたの「ポジショニング」がさらに固まり広がることになる可能性があるからです。

そのものズバリのテーマではなくても、あなた自身が「引っ掛かり」を感じる課題につなげて行けそうな手がかりが感じられることが重要なのです。例えば、あなた自身が、お客様の声や意見を日々の意思決定や営業活動に活かせる仕組みづくりに日ごろから「引っ掛かり」を感じていて、自分のスキルや経験も活かして何かできないかと考えていたとしましょう。そこに、「部門全体のサービス品質向上活動を新たに立ち上げたいのだけれども、そのリーダーを担当してくれないか」という相談が、部門長から持ち込まれたら、どうするか。

「サービス品質向上」は、「お客様の声の活用」というあなた自身の引っ掛かりを感じる課題とも密接に関わるテーマなので、積極的に受けて立つことを考えるべきでしょう。ただし、こうした本質的かつ複雑なテーマに新たに切り込んでいく「開拓者」として、意味のある成果をあげるのは容易なことではありません。あなたが安請け合いをして一人で「空回り」して終わったりすることのないように、いくつかの重要なことがらについて、あらかじめ部門長や直属の上司とじっくり相談して、周到に準備しておくべきでしょう。

周囲の理解や協力を得るための「自分広報活動」を展開する上で打つべき3つの布石

とりわけ、次のようなポイントは、あなたを起点とする「自分広報活動」を通じて、先々の取り組みの成果がメンバーに効果的に共有され、「開拓者」としてのあなたの取り組みへの理解や共感・協力の輪が広がっていくための布石として重要と考えられます。

第一に、**テーマの設定**です。ここをしっかりと固めることで、今後の具体的な取り組みとそれを支える「自分広報活動」の軸をはっきりさせることができます。逆にここがグダグダのまま先に進んでしまうと、ろくな結果は期待できません。

部門長は「部門全体のサービスの品質向上」というお題（テーマ）を投げてきているわけですが、どんな想いや具体的な品質向上実現のシナリオを描いているのかを、本人に向かって端的に聞いてみる必要があります。私の経験上、こういうケースにおいては、「最近お客様からのクレームが増えてきているから何か対策を講じないとね……具体的なことは何もまだ考えていないんだよ」というような「ゆるい」答えが返ってくる場合が多いです。どういう風に取り組んで行ったら良いかを、一緒に考えて欲しいというメッセージです。それだけあなたは期待されているのです。

こういう時こそ、日ごろから温めている考えをはっきり伝えないといけません。「クレーム対応による品質事故の防止、いわば『マイナスをゼロにする』という発想を超えて、お客様の声を活用してサービスのレベル自体を向上させるという発想で取り組むべきではないでしょうか」という風に。さらに相手が面白がるようであれば、「最近では、『デザイン思考』といって、お客様の声をそのまま商品に反映するのではなく、その潜在ニーズをより深く理解し、お客様の想像を超えるレベルの製品やサービスを創り出すという考え方が重視されています。今回の取り組みにもそういう考え方を盛り込んではどうでしょうか」とたたみかけるのです。

このようにグーッと相手の目線を上げさせる話をして、部門長が前のめりになってくるようであれば脈があります。取り組みのテーマ、が明確な輪郭をもってあなたと部門長との間で共有されていきます。（では、部門長が全く乗って来なかったら……ハイ、それまでです。そんな目線の低い人を相手に「開拓者」を演じても仕方がないので、適当に言いくるめて深入りしない形でお断りしましょう）。

そして、取り組みの呼称も、「サービス品質向上」などという凡庸なものではなく、テーマに沿った形で「デザイン思考推進イニシアチブ」とかにしてしまえば良いのです。「名は体をあらわす」と言いますが、呼称をどうするかはきわめて重要な決め事です。あなたの「自分広報活動」を起点に展開される今後のあらゆるコミュニケーションの中で、この呼称が繰り返し使われるわけですから、それによる部門内メンバーへの「刷り込み」効果は莫大なのです。

第二に、**推進体制**です。あなた一人が「よく分からない」テーマを掲げて一人で勝手にスタンドプレーをしている、といった見え方になることは絶対に避けなければなりません。皆が「遠目の見物」を決め込んで、誰も協力しなくなり、あなた自身も「空回り」して成果も出ないまま終わることになりかねないからです。これだと、自分株式会社としては、企業価値の向上どころか、大きな信用失墜による「経営危機」につながりかねません。

あなたと一緒に取り組みの実務を担ってくれる人を数名選んで、「推進チーム」メンバーになってもらいましょう。あなたが自分だけでは足りないと思っている部分を補ってくれそうなメンバーを慎重にえらびましょう。勿論、部門長のお墨付きのもとで、直属の上司の承認を得て本人に依頼をします。

さらに、部門全体で推進する取り組みであるという意識を浸透させる上においても、部門長を含む主要なリーダーメンバーと推進チームによる定例の会議を、「デザイン思考推進委員会」みたいな形で設定してもらいましょう。この呼称も、テーマの呼称に合わせて、コミュニケーション効果が期待できるように意図的に名づけます。そして、この会議体で、推進チームによる検討結果をリーダーに共有して、決めることは決めてもらい、相談することは相談して、やるべきことを実行に移せるような仕組みを予め作っておくことが重要なのです。

第三に、**リーダーからのサポート**です。この例でいえば、部門長と部門内の関連するリーダーメンバーが取り組みの趣旨を理解して、全面的にサポートしてくれるように持っていくことが必要です。取り組みが進んでいけば、他の部門の応援や協力も必要になるでしょうから、そうした部門間の折衝などにおいても、部門長をはじめとするリーダーメンバーに「一肌脱いで」もらう場面も出てきます。ですから、彼らには、「デザイン思考推進」というテーマでこれから進める取り組みを「自分ごと」としてとらえてもらうことが大切なのです。

そのためには、部門長をはじめとするリーダーメンバーに、色々な機会にこの取り組みについて自分の言葉で語り、メッセージを発信してもらえるように仕向け、働きかけることが重要になります。人間というのは自分で話すことで、自分で納得していくところがあります。リーダーには、話すための材料をこまめに提供して、自らの言葉で発信してもらうようにしましょう。手始めに、部門長からは次のようなメッセージを部門全体に送ってもらうようにお願いしてはどうでしょうか。

私たちのサービス品質の継続的な向上を通じて、品質問題の発生を予防するとともに、お客様ニーズの多様化・高度化を先読みした取り組みを進めることが、部門全体としてますます重要な経営テーマとなってきています。個々のお客様の声に個別に対応するのではなく、そこからより深くお客様の抱える課題や潜在ニーズを探り出し、お客様の想像を超えるレベルのサービスを創り出すという考え方が求められています。

私たちの部門でも、こうした『デザイン思考』を本格的に導入して、サービスの魅力と競争力の向上を図るために、このたび、デザイン思考推進イニシアチブという部門横断の取り組みをスタートすることにしました。山田さん（＝あなた）をリーダーとする推進チームが中心になって、現状の課題を整理した上で、当面の実行プランをまとめ、部門全体でＰＤＣＡサイクルを回しながら取り組みを進めていく方針です。

私自身がこの取り組みを責任をもって主導します。推進チームから依頼や相談を受けたりする際には、積極的に協力くださるようお願いいたします。

取り組みと連動した「自分広報活動」で、周りを巻き込み求心力を高める

いよいよ「デザイン思考推進イニシアチブ」が、あなたをリーダーとして立ち上がりました。ただ、部門長からのメッセージだけでは、この先に一体何があるのか、一人ひとりにとってどういう関わり方ができるのか、今までの仕事のやり方がどう変わる可能性があるのかなど、多分、まだ誰にも見当がつかない状態です。あなた自身も、リーダーになってはみたものの、「デザイン思考」の第一級の専門家でもないので、どこから手を付けたら良いかと戸惑っているのが正直なところかもしれません。

特に、このような立ち上げ段階においては、リーダーであるあなたが大きな方向性を示して旗を掲げつつ、一人でも多くのメンバーが意見やアイデアを持ち寄ってもらえる雰囲気をつくっていくことが大切です。あなた自身が率先して行動をとり発信することで、それを受けた部門長や他のリーダーからの発信が促され、さらにそれに刺激されて、他のメンバーが自発的に参画して発言してくれるような、コミュニケーションの渦を意

識的に生み出していいましょう。例えば、次のようなことを試してみてはどうでしょうか。

❖取り組みのスタートを象徴するイベントを開催する

第一歩として、「デザイン思考」について分かりやすく話してくれそうな方を講師に招いて、部門内の希望メンバーに参加してもらって勉強会を開催してはどうでしょう。その後にワークショップ形式で参加メンバー間で自分たちがこれからやるべきことを、短期（1年以内に実施）、中期（2～3年以内に実施）、長期（4年目以降に実施）などに分けて洗い出してみると、今後の取り組みを検討する上での論点整理にもつながります。勉強会とワークショップの様子や成果を、参加できなかったメンバーにも伝えて、取り組みの本格的なスタートを強く印象づけることも忘れないでください。

❖メンバーの成果や貢献をどんどん紹介して、他のメンバーの関心を高める

推進チームのメンバーや、それ以外で協力してくれているメンバーの活動などで、少しでも具体的な成果が出たり、思わぬ気づきにつながる発見があったりしたら、リーダーであるあなたから、部門長、彼らの直属の上司や部門内の関連リーダー、さらには部門全体に積極的に発信をすることが重要です。

「推進チームの鈴木さんが、デザイン思考のフレームワークを使って過去30日分のお客様の声を分析したら、こんな発見があったと部門長に報告。早速、今月のデザイン思考推進委員会でリーダー全員で話し合うことになりました。鈴木さん、示唆に富む分析をありがとうございます」といった感じで。

部門長からも、皆さんに向けて「お墨付き」となるようなコメントを発信してもらえると、さらに注目が集まることでしょう。

❖どんなに小さくても前向きな変化をとらえて発信し、「前に進んでいる」感を出す

新たな施策を導入して少しでも前向きな変化がみられたら、積極的に発信して、取り組みが確実に前に進んでいることを部門内の全メンバーに知らせていくことが重要です。仮に限定された範囲で新たな施策を「実証実験」的に導入したような場合でも、その部分のサービスに対するお客様の満足度スコアに関して、その他に比べてこれだけ改善が見られたとかいう情報でいいのです。どんなに小さな話であっても、進むべき方向性を指し示す変化を象徴するデータや事象であれば、遠慮などせず、むしろ大々的に発表することが肝要です。

❖旬なトピックやエピソード、「第三者」の意見などを盛り込んで共感を促す

同じことを伝える場合でも、旬なトピックやエピソードを交えた発信を心掛けると、受け手の共感度が増します。例えば、4月だったら、取り組みの進捗を伝えつつ、その内容について「新入社員30人にアンケート調査で尋ねたら、8割以上から好意的な回答が得られました。そのうちの9割の人は家族や友人にも紹介したいと言ってくれました」みたいな話を入れてもよいのです。さらに、実際のお客様からの喜びの声やお褒めのメッセージなど、社外の「第三者」の意見や話題が盛り込まれると、グッと説得力が増します。

❖広報部に情報を提供して社内外に広く発信してもらう

また、会社の広報部門のメンバーと知り合いになって、彼らにもあなたが進める「デザイン思考推進イニシアチブ」の内容や最新の取り組み状況などを伝えることも一案です。まだ社外に大々的に発表できないことであっても、

「社内報」などの全従業員向けの社内メディアやコミュニケーションツール上で紹介してもらうよう働きかけてはどうでしょうか。広報部門は常に新しいネタを求めている筈なので、積極的な情報提供は歓迎されるはずです。社内報などで良い形で取り上げられれば、イニシアチブに関わっているメンバーにも注目が集まるので、皆のやる気もアップすることでしょう。一回限りの情報提供に終わらせずに、良い話があればドンドン紹介し、最終的には会社のプレスリリースやマスコミ向けの発表会などで社外にも打ち出してもらえるくらいの成果を目標にすれば、参加メンバーのモチベーションも膨らむのではないでしょうか。

こうしたトータルな「自分広報活動」を、実際の取り組みと連動しながらねばり強く仕掛けていくことで、徐々に周りを巻き込み、求心力を高めていくように工夫してください。取り組みの実態があり、それが成果を生んでいることが前提となりますが、それを遠慮せず伝えることで、周囲のメンバーからの共感と支持を獲得することが、取り組み自体を加速拡大する上でとても重要なのです。

自分のスキルや能力を認めてもらうための狭い意味での「自分広報」を超えて、周りにいる協力メンバーの貢献や関わりにも光を当てることで、取り組み全体の意義や意味が具体的に示され、より一層多くのメンバーが関心をもって参加してくれるような循環が生まれていきます。これによって、取り組みが徐々に加速し、あなた自身の「ポジショニング」もより一層固まり広がっていくことでしょう。

第3章と第4章のまとめ

第3章と第4章では、典型的な4つの役割モデルを起点として、あなたがいかにして上司や同僚などの周囲のメンバーとWin–Winの関係になるような「ポジショニング」を築いていくことができるかについて見てきました。

「ポジショニング」をつくっていく最大のカギは、周囲のメンバーが抱える課題・関心事や困りごとと自分独自の知見やスキルとが掛け合わされるテーマを見つけ出すことでした。それをここまでの説明に用いたケースをもとに例示的に整理すると、以下のようになります。

4つの役割モデル	あなたの知見 スキル 関心事など		周囲の課題や困りごとなど		見えてきたあなたの「ポジショニング」
救済者	文書作成のスキル	✖	手が回っていない営業会議の議事録作成	➡	書類フォーマット標準化と情報一元管理のキーパーソン
代弁者	データ分析や図表作成のスキル・知見	✖	チームとしての仕事の成果が評価されない現状	➡	「今月のハイライト」を軸とするチームのPDCAサイクル推進者
調整者	人事に関わる興味・知識など	✖	所定の残業時間を超過するメンバーへの対応	➡	人事に詳しい営業部門の働き方改革のパイオニア
開拓者	お客様の声や意見を活かせる仕組みづくりへの関心	✖	部門全体のサービス品質向上とクレーム対応改善	➡	「デザイン思考」の導入に取り組む部門全体の推進リーダー

第5章

「自分広報力」は「メッセージ思考」を鍛えて劇的アップ

「ポジショニング」を固めて広げるために求められる思考法とは

これまで紹介したやり方を実行することで、あなたにとっての「ポジショニング」が固まってくると、周囲のメンバーから「これもできないか？」とか「こういうことで困っているのだけれど、知恵を貸してくれないか？」とか、色々な相談が持ち込まれることが多くなります。あなたの価値がより多くの人に理解された証（あかし）なので、喜ぶべきことではありますが、やみくもに何でも引き受けていては、「なんでも屋」になってしまいます。

自分株式会社のCEOとして、今の「ポジショニング」をベースにいかに自分株式会社の価値（自分の評価）向上につなげるかを考えて対応する必要があるのです。「頼まれたからやる」のではなくて、あなた自身の最適な関わり方や価値の示し方を含めて「こういう風にしたい。なぜならば……」と提案していく方向にマインドを切り替えていくことが大切です。

このような場面をはじめ、あなた自身がこれまで以上に多くのメンバーを相手にして意見を述べたり、提案をしたりする機会が増えていきます。こうした機会をとらえて自らの「ポジショニング」を固めて広げていくには、あなたが自ら効果的に情報を発信するスキルを習得することが重要です。いつ誰に何をどのように伝え、発信するかについて、これまで以上に意識的、戦略的になる必要があるのです。

加えて、上司や同僚などから呼応した発信をしてもらえるように促すことも含めたコミュニケーションの好循環をつくって行くことが欠かせません。自分株式会社のCEOとして、こうした周囲を巻き込んだトータルな好循環を生み出し、自分の市場価値を継続的に向上させるための力としての「自分広報力」にさらに磨きをかけることが求められるのです。

自分株式会社のＣＥＯとして「コミュニケーションは力」であることを理解する

まだ今ひとつ「自分広報力」という言葉が「はら落ち」しない、と感じられるでしょうか。そもそも広報の目的は、企業や組織が自分たちを正しく理解してもらうためのコミュニケーション（＝情報開示）であり、武力や財力などといった「力」とは無縁なのではないか？ましてや、自分広報力なんて……と思われるのかもしれません。

しかし、結論からいうと、**ビジネスにおいてコミュニケーションは紛れもなく「力」なのです。自分の目的を実現するために、必要な相手に対して影響力を行使して、納得や共感を通じて自発的に意識や行動を変えてもらう力なのです。**

少なくとも、グローバル規模でビジネスを展開する企業のリーダーの多くは、そのようにコミュニケーションをとらえています。そして、その力を最大限に活用できるように自らの直下に戦略機能として広報を置き、その分野のプロを多数雇い、研ぎ澄まされたメッセージを日々様々なチャネルから発信しています。価値観や立場の異なる多様なメンバーの意識や行動に、コミュニケーションを通じて意図的に働きかけること無しには、どんなに立派な技術やアイデアがあっても、ビジネスの目的実現はおぼつかないことをよく理解しているからです。

日本では、伝統的にコミュニケーションを「相互理解」や「話し方」などの次元でのみとらえる傾向がありました。これには、他の国々に比べて同質性の高い社会構造などが影響しているのかもしれません。しかし、「失われた30年」と言われる中にあっても、高い発信力を武器にして短期間に斬新な事業モデルを普及させたり、巨大企業の再生を成功させたりするリーダーも現れ始めており、状況は徐々に変わりつつあります。

個人のレベルでも、自分のキャリア成長を「会社任せ」にできた時代は終わりを迎え、一人ひとりが、「自分株式会社」のＣＥＯとして、自分の価値を周囲に評価してもらえるように行動し発信する必要があります。しかも、一緒に仕事をするメンバーの多様性や流動性はますます高まっていきます。これだけやっているんだから「分かってくれるだろう」という甘い期待は、これからは一切通用しません。常日頃から、意思をもった

「自分広報活動」を展開していく必要があるのです。

「自分広報力」を高めるために「メッセージ思考」を鍛えよう

「自分広報力」の基盤となるものが「ポジショニング」であるとすると、その基盤のもとで「自分広報力」の威力を高めていくために必要不可欠となるものが、私が「メッセージ思考」と呼ぶものです。それは、これから説明するように、メッセージを効果的に組み立て、伝えきるための一連のスキルを習得することで身につく思考パターンともいえます。

では、そもそも、メッセージとは何でしょうか？ 一般には、メッセージというと、言いたいことを分かりやすく簡潔にまとめた言葉や文章、といった程度の意味合いで理解されがちです。間違いではありませんが、広報・コミュニケーションのプロがメッセージという場合、それは発信の対象となる具体的な相手が想定されていて、その相手の意識や行動を変えることを意図して組み立てられ、発信される言葉を意味します。ここで、相手とは、メッセージの発信者が自分の目的を実現するために動かさなければならない相手です。

例えば、あなたが結婚したいと考えているAさんという方がいるとした場合、端的に「あなたとAさんとの結婚」が目的になります。目的実現のために動かさなければならない相手は、まずAさん自身。加えて、家族や友人などでAさんの結婚への意思決定に影響力を持っている人（Aさんのインフルエンサー）がいる場合には、彼らも相手として認識しなければなりません。このように特定されたそれぞれの相手に対して、「あなたとAさんとの結婚」を認めてもらい、少なくとも「反対ではない」というところまで持ってこないといけない訳です。

この場合、Aさんへのメッセージには、「あなたとの結婚」が数ある他の選択肢（他の相手との結婚や結婚しないことなど）と比べて、Aさんにとってどのような価値や可能性があるかということが伝わるものになっている必要があります。また、Aさんのインフルエンサーの人達へのメッセージは、「あなたとAさんの結婚」がAさんの幸せにつながることを納得してもらえる内容でなければなりません。

つまり、メッセージとは、相手の思い込みや固定観念を打ち破り、相手にこちらの目的に沿った意識や行動の変化を起こさせる言葉なのです。

ただただ、「愛しています」「結婚してください」「一生尽くしますから」と連呼しても、相手にとっての利点や意味づけ、動機づけにつながる要素が含まれていなければ、相手の意識や行動を変える可能性は低いので、メッセージとは言えないのです。幼い子どもが「おもちゃを買って」と言って駄々をこねているのと同じことで、何かを言ってはいるのですが「メッセージ性」が欠けているのです。

そんなの当たり前だろうと思われるかもしれませんが、そうでもありません。有名企業が多額の費用をかけて行っていると思われる派手な企業広告でも、目は引くけれど意味が分からないようなものが多々ありますよね。仮に意味が分かったとしても、「自分たちの会社はこんなにスゴイんです」という独りよがりな内容だったりして……。

また、仕事上であなたが接している社内外の人々の発言なども、「メッセージ性」という観点から振り返ってみてどうでしょうか。「お願い営業」という言葉があるくらいですから、ひたすら自分の都合をまくし立て、目先の利益だけを考えてゴリ押しするような仕事のしかたをしている人が、まだまだ少なくないはずです。

多くの日本人が「コミュニケーション＝力」という考え方に馴染みが薄いため、その力の源であるメッセージというものが正しく理解されていないことが理由だと思われます。逆に言えば、今からお伝えする内容を理解して「メッセージ思考」を鍛えれば、他のビジネスパーソンとの差別化になり、自分株式会社の価値向上にも確実につながることでしょう。

「メッセージ思考」強化の第一歩はメッセージの組み立てパターンをマスターすること

どうすれば、相手の意識や行動をこちらの意図に沿う形で変化させるきっかけになるようなメッセージを上手に作ることができるのでしょうか。実は、ごく一部の広報・コミュニケーションのプロやビジネスエリートたちだけが知っていたり、暗黙知として使っていたりするメッセージの組み立てパターンをマスターするだけで良いのです。

新しい事業やプロジェクトの立ち上げを目的として、社内の関係メンバーや、投資家、ビジネスパートナーなどに理解・賛同を求める場合や、新たな製品・サービスを顧客に向けて売り出すような場合に打ち出すメッセージの基本パターンは、通常、次の3つの要素から成り立っています

❶将来仮説

「みんなまだ気が付いていないけれど、必ずこんな変化（未来）が訪れる」

――今後のトレンドや、それに起因する産業・社会・ライフスタイルの変化など

❷ソリューション

「新たに生まれる課題やニーズにこう対応したら大きなチャンスになる」

――①の変化によって生まれる課題やニーズに対応する事業、施策、製品・サービスなど

❸差別化

「実現できるのは（または、最善なのは）私たち（が提案するこのやり方）だけ」

――②のソリューションを提供できる独自の能力、ポジション、優位性など

今までにない何かを打ち出して理解・共感・賛同を得なければならない場面なので、「これからこうなる」という将来仮説（①）で、相手の思い込みや既成概念を変えてもらい、「だ

から、こういうことがソリューション（②）として求められるようになりますよね」とたたみかけ、さらに、数ある選択肢の中で「私（が言っていること）が一番ですよ」と差別化（③）のポイントを示してとどめを刺す、という組み立てになっています。よくできたプレスリリースは、必ずこういう構成要素で組み立てられています。これら3つの要素がバランスよく揃っていると、新聞などでそのまま記事にしてもらいやすいからです。

他方、あなたが仕事上、社内外で見かけるメッセージ（のようなもの）は、②のソリューションに偏っているケースが多いのではないでしょうか。予備知識なしでセールストークや提案を受ける側の立場に立って考えると、そもそもどうしてそういうソリューションが要るのかという「将来仮説」（①）や、他の類似のものとは何が違うのかという「差別化」（③）の要素がないと、いくらソリューションの中味を詳しく説明されても、ピンと来ないというのが正直な感想だと思います。

なぜそうなるのでしょうか？　多くの企業やその中で働くビジネスパーソンが、自分の専門分野や担当領域という「タコつぼ」にどっぷり浸かって仕事をしているので、いきなり中味の話（＝②）に入るのが普通になっていて、自分の仕事を客観的な広い視野から眺める余裕を失っていますのです。「メッセージ思考」で考えていないのです。結果として、「押し売り営業」みたいな仕事や、「プロダクトアウト」と呼ばれる会社側の論理が先行する、名ばかりのマーケティング活動がまん延することになります。

ここで、第4章で紹介した営業部門の働き方改革の事例の「その先」に場面を移しましょう。働き方改革推進担当となったあなたは、毎月所定残業時間を超過したメンバーやその人の上司などとの対話を重ねる中で、個別の対応だけでは限界があると実感し始めます。これまでの属人的な営業のやり方を根本的に改めないと、成績のよい優秀な営業パーソンほど長時間労働に陥りやすいという傾向が明らかになってきたからです。

そして、人事部門の有志メンバーとも相談を重ねた末に、本格的なグループウェアを導入して、「いつ誰と」「どのお客様の案件で」「どんな対応をしたか」といった営業情報を皆で共有できる体制に変えていくことが不可欠だと考えるようになったと仮定しましょう。グループウェアの導入を進める上で、あなたの上司の上司にあたる営業部門の部門長Mさんに導入検討に「ゴーサイン」を出してもらわなければなりません。

あなたは部門長にどうやってアプローチをかけて、どのようなメッセージを伝えたらよいでしょうか。目先の残業時間削減のためにグループウェアを導入させてほしい、という説明で、部門長は、あなたの提案に二つ返事で賛同してくれるでしょうか。部門長を攻略する方法を考えるために、メッセージの組み立て方についてもう少し詳しく掘り下げながら、あなたの「メッセージ思考」を呼び覚まし、パワーアップしていきましょう。

アマゾン創業者やホリエモンのメッセージも同じパターンで組み立てられている

アマゾン（Amazon.com, Inc.）の創業者のジェフ・ベゾスさんが過去に発表した「株主への手紙」やエッセイなどを一冊にまとめた「Invent & Wander」[*8]を読むと、ベゾスさんの数々の発言・発信の底にあるメッセージは前出の3つの要素で整理でき、それらがアマゾンの創業以来過去25年余り、ほとんどブレることなく一貫していることが分かります。

【ジェフ・ベゾスのメッセージの3要素】

❶将来仮説

Eコマースには、様々な商品・サービスの購入に要する時間とコストを節約し、顧客体験を飛躍的に改善させる巨大な機会と可能性がある。

❷ソリューション

アマゾンは、長期的視点でテクノロジーと人材に投資し、Eコマースの拡大がお客様の不便や不満の解消に寄与するようにイノベーションをリードする。

❸差別化

アマゾンは、地球上で最もお客様を大切にする企業、地球上で最高の雇用主となることを目指して不断に成長を続ける「Day One」[*9]企業である。

新しい事業やプロジェクトを立ち上げようとすると、「本当に成功するのか?」と懐疑的な目で見られることが多いものです。人々は目の前の現実だけを見て、「リスクが高い。できる訳がない」という思い込みにとらわれてしまうのです。今から25年余前にアマゾンを立ち上げた当時のベゾスも、人々のそういう思い込みを打ち砕く必要がありました。だから、彼のメッセージは大胆かつ長期的な将来仮説に根差しているのです。

さらに、彼は、当時勃興してきた数多くの新興系ネット企業と一線を画し、目先の儲けではなく、お客様の不便や不満の解消と満足度の向上を最重視することを繰り返し強調するのです。こうした一連のメッセージを背骨としつつ、折々の業績や新サービスなどの話題を絡めた発信を継続することで、ファンを増やし飛躍的な事業の成長を実現していったのです。

また、ロケット打ち上げ事業に挑む宇宙ベンチャー「インターステラテクノロジズ」の創業者である堀江貴文さん（ホリエモン）の各所での発言や関連する資料を見ていくと、底流に一貫して流れている彼のメッセージは、次の3つの要素で成り立っていることが分かります。

【ホリエモンのメッセージの3要素】

❶将来仮説

データの利活用がますます高度化する中で、人工衛星が社会のライフラインとなり、人工衛星を使った宇宙ビジネスの市場規模はIT産業を超えるレベルになる。

❷ソリューション

インターステラテクノロジズは世界一低価格で便利なロケットを提供することで、民間の人工衛星の利用を促し、より幅広い企業や人が宇宙ビジネスに参入することを可能にする。

❸差別化

インターステラテクノロジズは日本国内随一のロケット開発実績を持ち、設計・製造から打ち上げ・運用までを一気通貫でカバーする事業を通じて、宇宙の総合インフラ企業をめざす。

堀江さんは、現在の宇宙ビジネスの状況をインターネットの黎明期と似ていると言います。彼には将来の巨大な成長ポテンシャルが見えているのに、多くの「普通の人」にとっては絵空事にしか聞こえないのです。だから、アマゾンの場合と同様に、大胆な将来仮説を提示して、「普通の人」の思い込みを打破するところからメッセージをスタートさせる必要があるのです。

そして、将来仮説に呼応する形で「世界一低価格で便利なロケット」という固有のソリューションを示し、そのソリューションが提供できる理由を差別化ポイントとして訴えているのです。全体として非常に説得力のあるメッセージの構造ができていることが分かります。

プルーフポイントでメッセージを補強し説得力を高める

これまで見てきたメッセージの3要素は、メッセージ全体の骨格のようなものです。これに肉を加え血の通ったものにしていくために必要なのが、プルーフポイントです。プルーフポイントとは証拠、すなわち、それぞれのメッセージ要素が訴えていることを裏付ける情報です。

アマゾンのベゾスさんの場合、毎年の「株主への手紙」などの中で、お客様レビューの公開、誤配や品切れの撲滅、値下げ、アマゾンプライムの導入など、顧客体験の改善に向けて導入してきた施策の数々や、それらの結果としての顧客満足度データの改善などが、折々の発信の中にふんだんに盛り込まれています。それらが、「②ソリューション」

のプルーフポイントとなっているのです。

さらに、「③差別化」のプルーフポイントとして、顧客中心の発想を単なる手段ではなく企業文化として根付かせるように努力している様子が、投資の意思決定や、様々な実験の失敗からの学習、人材の採用・育成などの生々しい事例やストーリーを用いて示されています。

堀江さんの場合をみても、過去のロケットの開発実績、打ち上げ実績、様々な協力企業との関係性などの事実が、「②ソリューション」や「③差別化」のメッセージを支えるプルーフポイントとして活用されています。また、宇宙ビジネスの巨大な成長ポテンシャルに多くの人が気づいていない（が早く気が付くべきである）ことを伝える上で、堀江さんは「インターネットも最初はそうだった」という言い方をしています。インターネットベンチャーを起業した当時の自分の経験をサラッと語っているように見えますが、堀江さんだからこそ言えることを巧みに「①将来仮説」のプルーフポイントとして使っているのです。

このように様々な事実、出来事、過去の実績データや将来の予測データ、関連する事例や第三者の発言から自分自身の実体験まで、メッセージ要素の信ぴょう性を増すものであれば、嘘やフィクションでなければ、何でもプルーフポイントになる可能性があります。**逆に言えば、何が自分のメッセージの効果的なプルーフポイントに使えそうかということについて鋭敏な感覚を備えている人こそ、優れた「メッセージ思考」の持ち主だと言えるのです。**

「メッセージ思考」で動くアタマの基本構造を理解する

「メッセージ思考」の説明をもう少し続けさせてください。ベゾスさんや堀江さんのように優れた「メッセージ思考」を持つ人のアタマの中には、次ページの図のような構造をしたデータベースのようなものが埋め込まれていると考えられます。

より多くの人々に自分のビジョンや想いに共感・賛同してもらえるように、最上位に3つの要素から成るメッセージがしっかりと整えられています。その下に、それを支えるプルーフポイントがぶら下がる形で、ピラミッドのような構造でありとあらゆる情報やデータが整理されているのです。

そして、日々新たに見るもの聞くものも、使えそうなものはどんどんこの構造の中でプルーフポイント化されていきます。「今日の新聞の一面トップの記事でも報じられていましたが、ついに遠隔医療サービスの分野での個人データの民間利用が解禁になることになりましたね。これには人工衛星を使ったデータの収集が大前提になりますから、宇宙関連ビジネスの拡大が一気に加速するきっかけになることは間違いないですよ」と

「メッセージ思考」で動く
アタマの基本構造

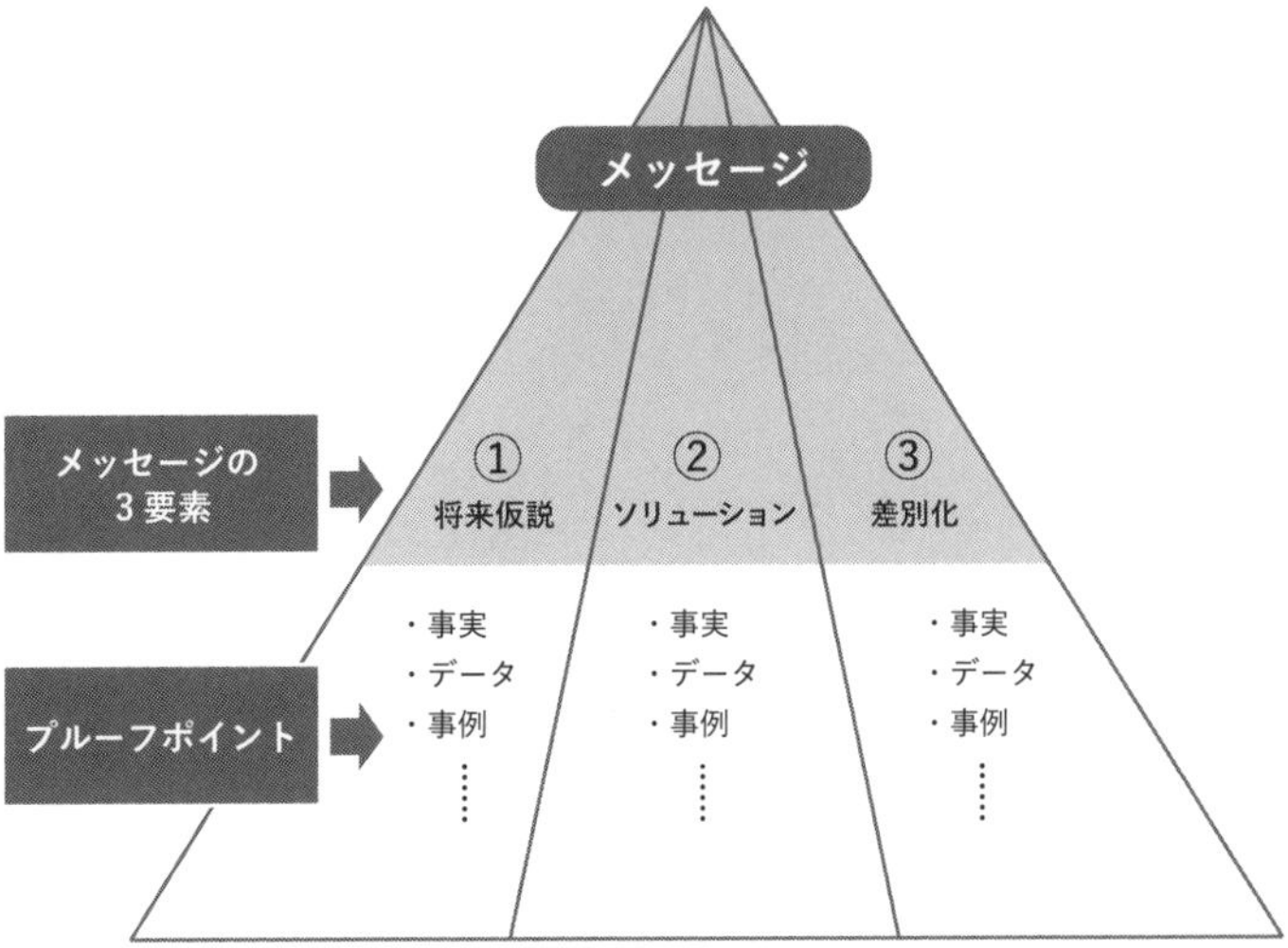

（出所）フライシュマン・ヒラード・ジャパン株式会社の資料をもとに著者作成

いった具合に。

さらに、こうした「メッセージ思考」が備わっていると、ふとした質問を受けたりしたときの受け答えも変わってきます。例えば、新聞記者から「今期の売上はいくらになる想定ですか？」と尋ねられた場合を考えてみましょう。

一問一答的に「500億円程度を見込んでいます」と答えれば、一応質問への回答にはなるのですが、これでは何一つメッセージが伝わったことになりません。「500億円」という金額が、何の意味づけもされないまま「丸裸」で伝えられただけだからです。こちらとしては「堅調な業績で推移している」というつもりで出した金額が、記者には「なんだ、その程度か……」と受け取られてしまうかもしれないのです。

同じ記者から、ベゾスさんのような「メッセージ思考」のある経営者が質問を受けた場合を想像してみましょう。いきなり金額を答えるようなことはせずに、「良い質問ですね。当社では、売上の成長は、継続的な顧客体験の向上という裏付けがあって初めて実現するものだと考え、顧客体験の向上に最も力を注いでいます」といった言葉で、自分の伝えたいメッセージにつなぎを入れた上で、例えば次のような返し方をすると思われます。

●顧客体験の向上を目指して、今期は特に食品の鮮度向上プログラムに取り組んでいます。
●お客様からの反応も良く、対象地域では食品を含む全カテゴリーで売上が伸びています。
●来期からは、このプログラムの対象地域を大幅に拡大する予定なので、さらなる成長の起爆剤になるものと期待しています。
●ちなみに、今期の売上は500億円程度を見込んでいます。

「ブリッジング」という万能テクニックを使いこなす

この2つの決定的な違いが分かるでしょうか？ 前者は、質問を試験の問題のようにとらえて、聞かれたことにだけ答えて終わりにしています。他方、後者は、**質問を自分のメッセージを相手に伝えるためのきっかけととらえている点**が大きく異なります。質問にダイレクトに答えずにメッセージにつないだ上で、それに関わる最新のプルーフポイントを情報として打ち込むことで、自分のメッセージを信ぴょう性のあるものとして相手（記者）に伝えようとしているのです。

後者のような対応ができるのは、自分が伝えるべきメッセージとそれを支えるプルーフポイントが、「メッセージ思考」のピラミッド構造に沿って日ごろからしっかり整理されているからに他なりません。こうした整理が出来ていればいるほど、「メッセージ思考」の瞬発力が増すのです。瞬発力というのは、相手の質問を瞬時に見きわめ、最もふさわしいメッセージ要素とつなぐ「ブリッジング」（次ページの図参照）というテクニックを使いこなす力のことです。

「メッセージ思考」に基づく対応
vs.
「一問一答」対応

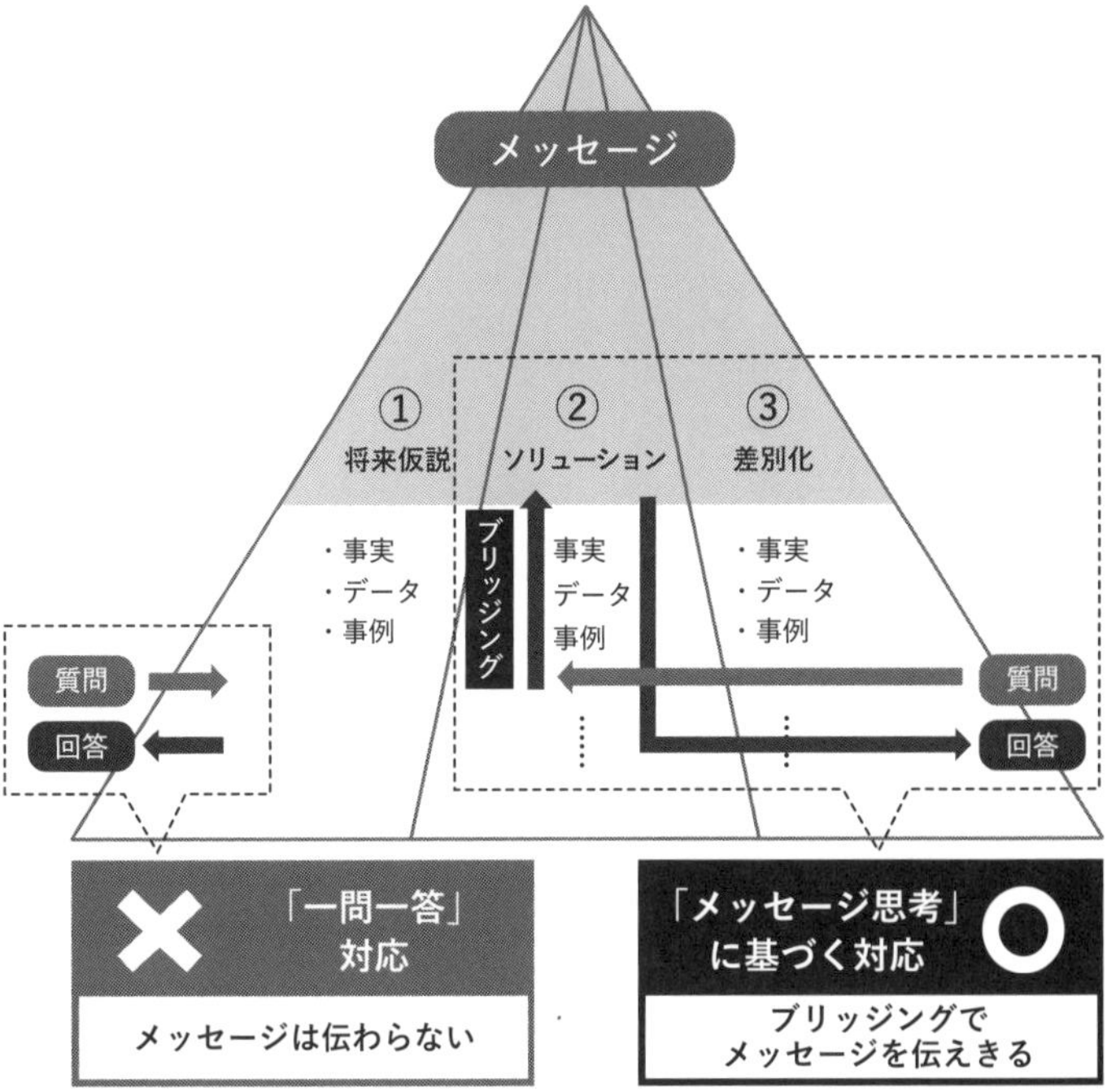

（出所）フライシュマン・ヒラード・ジャパン株式会社の資料をもとに著者作成

といっても、それほど難しく考える必要はありません。相手の出してきた質問にもっとも関わりのありそうなプルーフポイントに紐づいたメッセージ要素に一旦「ブリッジ」して、それに続けて関連のあるプルーフポイントも添えて返せばよいだけですので。

重要なのは、気持ちの持ち方です。「早く質問に答えなければ！」と焦るのではなく、「どのメッセージで返してやろうかな」と一呼吸置いて考える習慣をつけることで、自然に「ブリッジ」できるようになります。それを考える「一呼吸」の間をとるために、質問を受けたらまず、次のような「受けのフレーズ」をはさむことを試してみてはどうでしょうか。

- 良い質問をありがとうございます。せっかくなので、背景から説明させてください。
- いくつか重要な論点が出ましたので、基本的なところから整理してお話しします。
- 重要な経営戦略の内容にも関わりますので、そこに立ち返ってお話しすると……

●いただいた質問にお答えする前提として、まずお伝えしておきたいのですが……

●お尋ねいただいたことに関わる重要なポイントを、最初に押さえておきましょう。

1970年代に米国連邦政府の国務長官を務めたヘンリー・キッシンジャーという方がいらっしゃいます。ある日彼は、ホワイトハウスでの定例記者会見の開会に先立って、集まっていた記者に次のように語りかけたと言われています。

What questions do you have for my answers?

直訳すると「皆さん、私の用意した答えに対して、どんな質問をお持ちですか?」ということになります。これは一体、どういうことでしょう。キッシンジャーさんの頭の中には、今日の記者会見で伝えるべきメッセージが膨大なプルーフポイントと共に完璧に整理されているので、記者からどんな質問を受けたとしても自分が言うべきことはもうすべて決まっているということです。これぞ究極の「メッセージ思考」の持ち主と言えるでしょう。

経営者の方が受ける「メディアトレーニング」というのを聞いたことがあるでしょうか。記者会見などを想定して、発信するべきメッセージとプルーフポイントを整理した上で、記者役の広報コンサルタントがさまざまな厳しい質問を投げかけ、経営者に答えてもらいます。照明やビデオカメラも用意した本番さながらの状態で、ちゃんと「ブリッジング」ができるように「メッセージ思考」をたたきこみ、その瞬発力を上げる練習を繰り返し行うのです。

私の経験では、どんな方でも数時間かけてトレーニングをするだけで、キッシンジャーさんには及ばないかもしれませんが、見違えるように上達します。ちょっとした準備と気持ちの持ち方次第で、「メッセージ思考」が活性化されるのです。

相手の関心事を押さえたメッセージを組み立てる

さて、今度はいよいよあなたが「メッセージ思考」を駆使して、営業部門の部門長Mさんにグループウェアの導入検討に「ゴーサイン」を出してもらうように働きかける番です。

成績のよい優秀な営業パーソンほど長時間労働に陥りやすいという傾向を見てとったあなたは、個別の対応には限界があり、これまでの属人的な営業のやり方を根本的に改めないと真の働き方改革にはつながらないと考え、グループウェア導入を提案しようとしています。問題は、そのような説明だけでMさんが納得してくれるかということです。

ここで、「メッセージ思考」を鍛える上で重要なもう一つのポイントについてお話ししましょう。それは、相手の関心事を押さえたメッセージを組み立てることです。

頭の良さそうな発表者が理路整然と話しているのに聞いていても全く頭に入ってこないプレゼン、「いい加減にしてくれないかなぁ……」と思ってしまう上司や同僚の延々と続く自慢話など、向こうは一生懸命話しているのに、全く伝わっていないという状況によく出くわしませんか。こういう状況を作ってしまいがちな人たちに共通するのは、聞き手の関心事、つまり、相手が興味・関心を持って聞いてみたいと思えることが何か、ということに対して無頓着であるということです。

古代ローマの英雄ユリウス・カエサルは「人間はみな自分の見たいものしか見ようとしない」と言ったと伝えられていますが、私たちは聞きたいことしか聞かない生き物でもあるのです。自分広報活動は、こちらが伝えたいことと相手が聞きたいこととの間には、大きなギャップがあるのが普通であると覚悟することからスタートしなければなりません。

前出の3要素からなる基本パターンを使ってメッセージを組み立てる際にも、機械的にパターンに当てはめて考えるのではなく、どれだけ相手の興味をひきそうな内容（相手の関心事）を盛り込めるかという視点にたって考えなければなりません。相手が興味を持って聞いてくれなければ、どんなに美辞麗句を並べたててみても、瞬時にスルーされるだけだからです。

ホリエモンの宇宙事業に関するメッセージでは、「宇宙は巨大なビジネス機会である」ということが色濃く打ち出されていますよね。これはひとえに、メッセージを届けたい相手である投資家や経営者の興味・関心に訴えて彼らを振り向かせるためのです。

正面対決を避け、相手の関心事から入って自分の言いたいことに引っ張り込む

では、営業部門の部門長Mさんの関心事は何でしょう？ それをどのようにあなたの作るメッセージに反映されたらよいのでしょうか。こうしたことを考えるには、Mさんの常日頃からの言動を注意深く観察しつつ、「仕事から半歩離れた」雑談などを通じて、Mさん自身やその周囲の人々からさまざまな情報を集めておく必要があります。

例えば、Mさんが昔ながらの「属人的な営業」スタイルの信奉者で、人事部門が推進しようとしている働き方改革には表向きは理解を示しているものの、本音としては真剣にこれに取り組む気はほとんど無い、ということが分かっていたらどうでしょう。この場合、「これまでの属人的な営業のやり方を根本的に改めないと真の働き方改革にはつながらない」というあなたの主張を正面からぶつけるのは、得策とは思われません。関心事以前の問題として、Mさんの仕事のやり方や考え方を全否定するような話をいきなり突きつけることになるからです。

他方、Mさんの置かれている状況をつぶさに眺めてみると、より生々しい光景が浮かび上がってきます。コロナ禍の中であなたの会社の営業成績が伸び悩み、大手の競合にジリジリと差をつけられてきているとしたら、どうでしょうか。大手競合の動きや、足もとでの自社の伸び悩みの原因などを探りながら、「このままではいけない。何とかしなければならない」と苦悩するMさんの姿が想像されます。

この「このままではいけない。何とかしなければならない」という点こそが、Mさんにとって目下の最大の関心事だと言えるでしょう。この関心事につながりのある話として持ち込めば、Mさんが真剣に聞いてくれる確率は自ずと高まるでしょう。逆にそうでなければ、「忙しいからあとにして」と言われてしまいかねません。

あなたの究極の目的である「グループウェアの導入」は、Mさんの「何とかしなければならない」という関心事に応える解決策になる可能性を秘めています。ただ、その狙いを、「属人的な営業のやり方を改めて、働き方改革につなげましょう」という風に直球で言ってしまっては、聞き入れてもらえない可能性が高いのです。

では、どうしたら良いのでしょうか？　いくつかのポイントで整理していきましょう。

❶ 変化のトレンドをとらえ、その中で新たな課題に直面する相手に寄り添う姿勢を示す

従来の常識だけで考えると見向きもしてもらえない話であっても、将来に目を向けてみることで、相手の関心事を押さえつつあなたの主張を効果的に打ち出す切り口が見えてくるものです。それでは、営業現場はこれからどうなるのでしょうか。グループウェアを使ってどんどん「脱属人化」していくだけなのでしょうか。

インターネット検索などでリサーチしてみると、グループウェアを「営業の脱属人化」を実現するためのツールとして紹介する情報が溢れています。ただ、もう少し深掘りして調べていくと、「属人営業＝営業担当による深い顧客理解に基づく営業」ととらえ、その重要性はこれからも変わらないと主張している識者も結構いることが分かってきました。コロナ禍を経てオンライン上にも顧客接点が拡大する中で、これまで通りに「属人営業」の真価を発揮させ続けるにはグループウェアを通じた情報武装が欠かせないのだと。

顧客と直接つながる「ラストワンマイル」で営業担当が（属人営業の本領を発揮して）高いパフォーマンスをあげるためにも、その背後の部分では、顧客に関する様々な情報をグループウェアなどの仕組みやテクノロジーを活用して徹底的に共有し、あわせて業務全体の効率化を進めなければならない、という考え方です。これであれば、より営業現場の実態に寄り添った切り口からの説明になり、「脱属人化」という言葉だけが独り歩きしてMさんに無用に警戒されたり勘違いされたりするリスクも軽減できそうです。また、「コロナ禍を経て」明らかになってきた変化への対応という意味づけもできるので、コロナ禍の中で伸び悩む営業成績を「何とかしなければならない」というMさんの関心事に刺さる可能性が高められます。

❷ 常識を疑い、言葉の意味を明確にしながら双方の利害が一致する一段上の視点を見出す

「属人営業＝悪」だから「脱属人化すべき」というような紋切り型の主張が、どんな分野においても常識としてまかり通っているものです。しかし、この例にあるように、少し調べてみると同じ言葉でも色々な解釈や考え方があることが分かります。顧客と直接

つながる部分の「属人営業」のレベルをさらに改善するために、それ以外の部分は仕組みやテクノロジーを使ってできるだけ「脱属人化」すべきだ、という風に整理できれば、双方の利害が一致する一段上の視点を見出すことができるのです。常識を疑い言葉の意味合いを明確することで、無用な誤解や対立を避けつつ相手の関心事とこちらの主張をうまくバランスさせたメッセージを組み立てることを考えるべきなのです。

❸ 相手が無視できない事実・データをプルーフポイントに入れ、メッセージの説得力を増す

たとえば、Mさんが常に意識している大手競合の動きも調べてみましょう。公開情報が無くても、営業メンバーで競合の動きに詳しい人に聞けば相当のことが分かるはずです。競合のどこかがすでにグループウェアを入れているかどうか、各社の売上高や営業人員数の推移などの情報を集めてみましょう。例えば、グループウェアを導入済の競合が、ここ数年で営業人員一人当たりの売上高を伸ばしているようだ、といったデータがとれれば、強力なプルーフポイントとして使うことができるでしょう。

❹ あなた自身が関与することの必然性を差別化ポイントとして盛り込む

自分株式会社のCEOの立場としては、誰でも提案できる話ではなくあなただからこその提案であることを印象づけることも忘れてはいけません。今回の件でも、グループウェア導入検討の当初から人事部門と連携して働き方改革も同時に推進することを打ち出し、営業部門の働き方改革推進担当としてこれまで人事部門と密接に連携してきたあなただからこそ提案できる話なのだ、ということをしっかりアピールしましょう。

このようなポイントを踏まえて、Mさんにグループウェア導入検討開始に「ゴーサイン」を出してもらうという目的に照らして、あなたのメッセージを次ページのように組み立ててみました。いかがでしょうか。

メッセージの３要素

①将来仮説	②ソリューション	③差別化
コロナ禍を経て顧客接点がオンライン上にも急速に拡大する中で、顧客とじかに接する一人ひとりの営業担当が掌握するべきデータや情報はますます増大し、複雑化していきます。	こうした営業環境においては、グループウェア導入を通じて、リアルタイムで様々な情報の共有を進めることが、一人ひとりの営業担当のパフォーマンスの維持・向上に不可欠になります。早期に導入を検討することが求められます。	導入検討にあたっては、当初からシステム部門に加え人事部門とも連携した体制を組み、営業メンバーの働き方改革も併せて実現することを目指します。

プルーフポイント（例）

▶オンラインでの顧客接点の拡大（オンラインでの情報提供回数。チャネル数など） ▶営業担当の負荷増大（残業時間の推移など）	▶競合のグループウェア導入状況 ▶営業担当一人当たりの売上高などの競合との比較や時系列推移など ▶グループウェア導入により期待される具体的な効果の試算	▶人事部門との連携を可能にする担当者（＝あなた）の存在

一旦こういう形で組み立てたものを、複数名の信頼できるメンバーに見せて、あなた自身で説明をしてみて、ちゃんと理解できるか、調整すべきところはないか、プルーフポイントとして追加できる事項ないかといった点をどんどん尋ねてみてください。Mさんのことをよく知っていて、あなたの味方になってくれるようなメンバーからインプットをもらえたら最高です。それによってメッセージにさらに磨きをかけていきましょう。

また、こうしたステップを踏むことで、「メッセージ思考」がどんどん鍛えられ、前出のようなピラミッド構造に基づいたアタマの整理が進みます。あなたが実際に説明をして質問を受けたりした場合に、ブリッジングを利かせて効果的な受け答えができるようになることでしょう。

相手への最適な伝え方を周到に考え抜く

あとはいよいよ営業部門長のMさんに、これまで固めたメッセージを伝え、グループウェアの導入検討に「ゴーサイン」を出してもらうだけと思われるかもしれません。しかし、「メッセージ思考」の上手な使い手になるためには、最後にもう一つマスターすべきポイントが残されていいます。それは、相手への最適な伝え方を考えることです。

どれだけ立派なメッセージを作り上げても、最後の伝え方を誤ると、それまでの努力が台無しになってしまします。よく言われることですが、高価な婚約指輪を買ったとしても、渡し方を間違えると「タダの石ころ」になってしまうことだってあるのです。では、最適な伝え方を考える上で鍵となるポイントをみていきましょう。

誰に伝えてもらうか？「この人が言うのなら聞こう」という相手の心理を読む

あなたがすでに営業部門内でそれなりのポジショニングを確立しており、真のターゲットであるMさんにじかにメッセージを届けられる立場にあるのであれば、話は簡単です。あなたが直接Mさんに提案を持っていけば良いのですから。自分広報活動を通じて、一日も早くそういう信頼を築き上げていただきたいと思います。

しかし、多くの場合だと、担当者のあなたが組織の階層を飛び越えて、いきなりMさんにこうした新規の提案を行うのは、かなりハードルが高いか相当のリスクを伴います。Mさんを取り巻く関係者を次ページ図のように洗い出してみた上で、作戦を練る必要があります。

「真のターゲットを取り巻く関係者」として図のようにリストアップされた人の中で、Mさんが「この人の話なら聞こう」と信頼を寄せている人は誰でしょうか？

あなたを取り巻く関係者

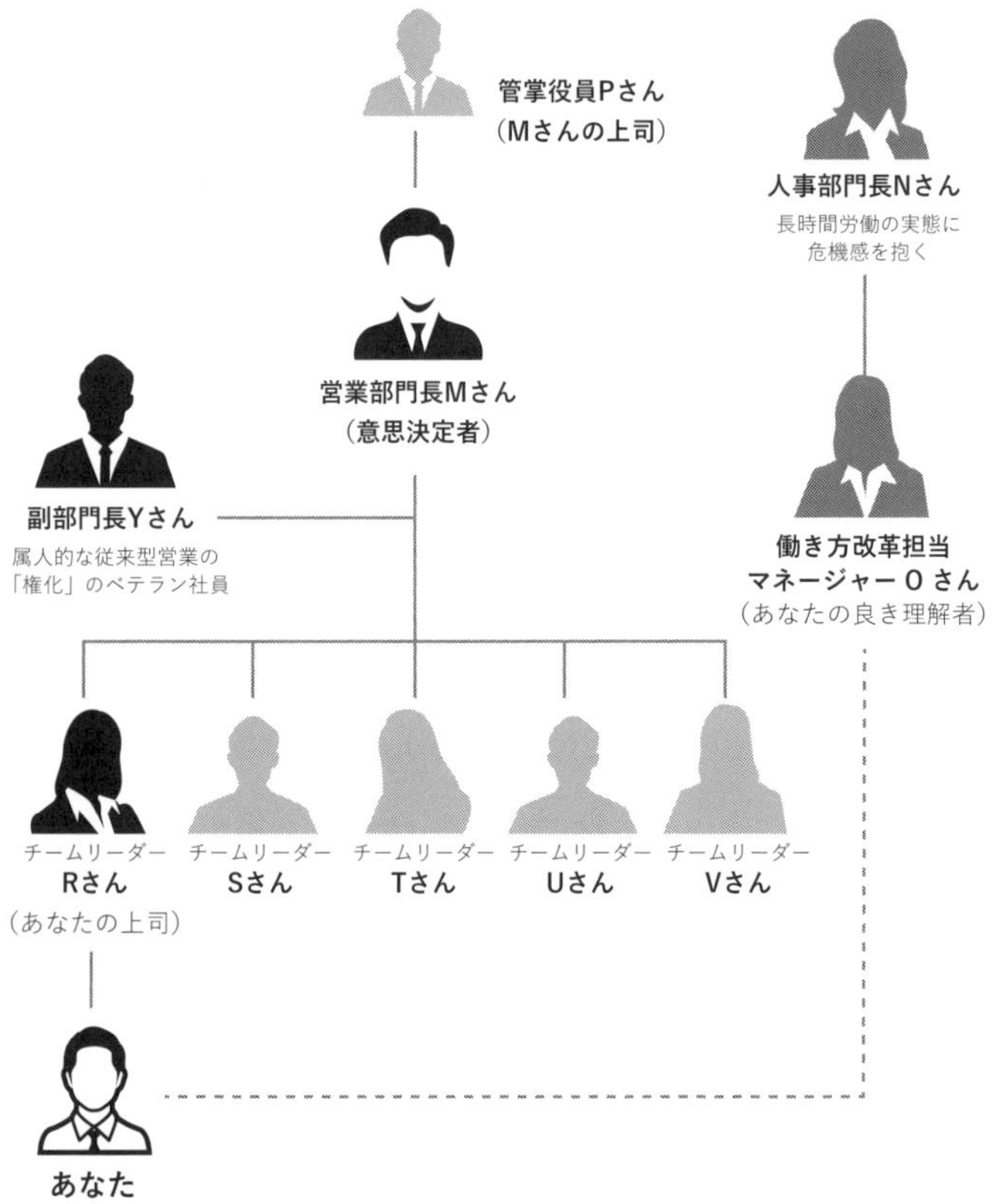
管掌役員Pさん
（Mさんの上司）
人事部門長Nさん
長時間労働の実態に
危機感を抱く
営業部門長Mさん
（意思決定者）
副部門長Yさん
属人的な従来型営業の
「権化」のベテラン社員
働き方改革担当
マネージャーOさん
（あなたの良き理解者）
チームリーダー
Rさん
（あなたの上司）
チームリーダー
Sさん
チームリーダー
Tさん
チームリーダー
Uさん
チームリーダー
Vさん
あなた

Mさんが本当に度量の大きな人であれば、誰の言っていることでも話の中身次第で判断してくれるのでしょうが、**多くの場合、人というものは、「正しいから聞く」のではなくて「この人が言うのなら聞こう」という思考回路で動いているのが現実なのです。**くだらないと言えばそれまでですが、企業の広報活動にしても、自社でプレスリリースをまいただけでは多くの人に注目してもらえないので、大手のマスコミなどに記事にしてもらうように働きかけることで、広く世の中にアピールできるように努力しているのです。

例えば、あなたの直属の上司のRさんがMさんからそれなりに信頼されていて、じかにMさんに話せる立場にあるのであれば、まずRさんに今回の提案の理解者になってもらい、Rさんの同席のもとであなたがMさんにプレゼンを行う機会をセットするという手が考えられます。これが直ちに実現するようであれば、かなり風通しのよい職場だといえるでしょう。

Mさんが現場のコンセンサスを重視するタイプで、営業部門の各チームリーダーの意見を確認しないと新しいことをやりたがらないような方だとすると厄介です。この場合、副部門長のYさんのような人が、6人いるチームリーダーの意見を集約する上で力を発揮してくれる可能性があり、また、MさんからみてYさんが「この人の話なら聞こう」と思える人であれば、Yさんをまず味方につけることを考える必要があるでしょう。属人的な従来型営業の「権化」のベテラン社員であるYさんを口説くのは一筋縄では行きそうにありませんが、あなたが直接、或いはRさんを介してYさんに話せる間柄なのであれば、試してみる価値はあるでしょう。

これらのチャネルがいずれも使えない場合、Mさんの上司にあたる役員のPさんとか、人事部門長のNさんなどにアプローチするパス（経路）があれば、検討してみてもよいかもしれません。ただ複数の階層をまたいだ話になるので、あなたがよほど個人的に親しくしている間柄でもなければリスクが大きくなりすぎます。

さらに、こうした表向きの組織図から見えてくる関係者以外にも、利用できるチャネルや人がある場合があります。Mさんが信頼している秘書がいたり、何かと重宝がって直接色々仕事を依頼している若手のメンバーがいたりする場合、こうした人たちにあなたとMさんとの「パイプ役」になってもらうことも検討してみる価値があるでしょう。こうしたMさんの身近にいる人に仲立ちになってもらうことで、意外と簡単にMさんにつないでもらえたりするものです。

自分で伝える場合でも、「いつ」「どこで」「どのように」に徹底的にこだわる

次に、どのように伝えるかです。仮にあなた自身がMさんに説明する機会を得たとして、Mさんとの打ち合わせの時間が10分の場合、あなたの説明は最長で5分、打ち合わせが30分の場合、あなたの説明は最長で15分で切り上げるべきです。上司などが同伴者としてついてきてくれる場合、最初に上司からの「前振り」の説明があるでしょうから、あなたの説明はさらに短く簡潔にするように準備しなくてはなりません。

何十枚もスライドを作ってきて時間ぎりぎりまで独演会のように話しつづける人がいますが、絶対にやめた方がいいです。どうしても、自分の言いたいことを言っているだけにしか聞こえず、何よりも「余裕のなさ」を印象づけてしまいます。スライドはメッセージでまとめた内容をベースにした要旨のまとめ1枚と、重要なプルーフポイントをまとめた図表などの添付資料が3～4枚程度が適量だと思います。

説明時間5分であれば最初の1枚のみゆっくりと説明し、15分時間がある場合には添付資料も可能な範囲で説明します。慣れないうちは、あらかじめ時間を決めてその中で何をどう説明するかを事前に練習してみることをおすすめします。忙しい相手の時間を無駄にしないように短時間で最大限ポイントを突いた説明を心掛けている、という姿勢を示すこと自体で、先ずポイントを稼ぐのです。

そして、時間がきたら「一旦説明は以上とさせていただいて、あとはご質問やご意見があれば承りたいと思います」と言って一区切り入れてしまいましょう。残りの時間でMさんに質問をさせることで、相手の興味・関心がどのあたりにあるかが分かります。Mさんから質問があれば、「ブリッジング」のテクニックを利用して、こちらのメッセージを繰り返しMさんに刷り込むようにしましょう。

その上で、Mさんからあなた自身が考えていなかったような良いアイデアや追加すべき論点が出てきたら、「非常に良いアイデアをいただきありがとうございます。是非その点も付け加えさせてください」と言って、プランをアップデートしていきましょう。Mさんも一緒にプラン作りに参加しているような気持ちになってもらえればしめたものです。自分から意見を言っておきながら、あとから「丸ごと反対」とは言いにくくなるからです。

同じ10分、或いは30分のミーティングであっても、いつどこでどういう形で設定するかということにも、細かく気を配りましょう。同じ話を聞かされる場合でも、エアコンの効いた応接間で聞くのと、蒸し暑い倉庫の片隅で聞くのとでは、受ける印象が全く違いますよね。相手にとっての「エアコンの効いた応接間」とは何かを慎重に見極めることが重要なのです。

当然、相手が朝型なのか夕方以降の会議も厭わないタイプなのか、月間や週間のサイクルの中でどのあたりだと落ち着いて話を聞いてくれそうなのか、などといったことまで調べておいて損はありません。一般論として、ややこしい相談や創造的な提案について話し合うには火曜日の午前中がベスト、というのを聞いたことがありますが、要はそれくらい話す中身に応じてミーティングを設定する曜日や時間に気を遣えということです。

また、Mさんとのミーティングは対面が良いのかオンライン開催でも問題ないのかについても、あらかじめよく確認しておきましょう。オンラインの場合でも手を抜かず顔出しして説明し、バーチャル背景にもMさんから見て相応しいものを選ぶなど、細部にまで気を抜かない姿勢を示すことが重要なのです。

誰かに伝えてもらう場合には、読めばすぐ分かる「秀逸な文書」を準備する

自分自身でMさんに伝えるのではなく、誰かに代わりに伝えてもらうことになった場合、その人に託する資料の出来が結果を大きく左右します。では、どんな資料を用意するか？

私なら、資料の一枚目には、図表やチャートからなるスライドは避け、205ページに示すサンプルのように「要旨」と題して、大きめの文字で3つか4つのセクションからなる文書をしたため、基本的にそこだけ読めば、誰でも一目瞭然でこちらの意図が伝わるように工夫します。見せたい図表やチャートがあれば、添付資料として付けますが、自分で伝える場合と同様でせいぜい3〜4枚にとどめるべきでしょう。

社内の会議資料としてスライドの使用を禁じ、代わりに、叙述（ナラティブ）形式の文書を書くことが求められるアマゾン（Amazon.com, Inc.）では、文書の質が厳しく問

われます。ジェフ・ベゾスは先に紹介した「Invent & Wander」の中で、「秀逸な文書は読めばすぐに分かりますし、読んだ人はみな同じように反応します。つまり、見れば分かるということです[*10]」と言っています。

Mさんにも、Mさんに説明をしてくれる人にも、さらに、その人達から資料の回覧をうけるかもしれない他のメンバーにも、1~2分でサッとストレス無く読めて、あなたの考えていることが瞬時に読み取れるように文章と見た目を工夫して、秀逸な文書を準備しましょう。さらに、「お問い合わせ先」としてあなたの名前とメールアドレスか電話番号を、資料の片すみに記載しておくことを忘れないでください。質問があった時などにMさんから連絡が入り、あなたがじかに説明する機会が得られるかもしれません。

202X.X.XX

グループウェア導入について【要旨】

ご相談事項

営業担当者一人ひとりのパフォーマンスの向上とワークライフバランスの改善を同時に支援するためのインフラとして、グループウェアを導入することを本格的に検討する活動を開始したい。

背景と理由

- 昨今、顧客接点がオンライン上にも拡大する中で、顧客の動きや興味・関心、競合の動向などについて収集・分析すべき情報量がますます増大している。
- グループウェア導入により、部門内のリアルタイムでの情報共有を進めることで、一人ひとりの営業担当の業務負荷を軽減しつつ「情報武装」を強化し、顧客対応の質とスピードを向上させることが不可欠と考えられる。

【期待される効果】

一人あたり売上高の増加：+6%以上（先行してグループウェアを導入した競合A社の実績に基づく想定値）

一人あたり月間残業時間の減少：20%以上削減（対面ミーティングや営業日報作成などに要する時間を削減することで、現状の月間45時間を36時間未満にする）

【想定コスト】

維持コスト年間100万円＋一人あたり使用料1〜2万円/年程度（前記効果が得られれば、十分に回収可能な範囲である）

導入検討の進め方案

- 今月中に、各営業チームから選出されたメンバーと人事部門（働き方改革担当チーム）の代表1名からなる検討チームを発足。
- 業務効率向上とワークライフバランス改善を同時に進めることに強みをもつX社、Y社、Z社から詳しい提案をもらい、検討チームで比較検討する。
- 3か月以内に検討結果をまとめて部門長に報告し、早ければ来期初めからの導入を目指す。

【添付資料】

①競合他社のグループウェア導入状況
②営業担当一人当たりの売上高などの競合他社との時系列比較
③導入候補となるX社、Y社、Z社のソリューションの概要

お問合せ先：営業第1チーム・山田（＝あなた）メールアドレス／電話番号

「メッセージ思考」が鍛えられると、あなたも「一を聞いて十を知る」人になれる

本章で学んだ「メッセージ思考」を、ぜひ色々な場面で試してみてください。「メッセージ思考」を働かせることで、何を誰にいつどのように発信するかということを考え、実行する上でのセンスが磨かれます。コミュニケーションを、目的達成のために必要な人に動いてもらうための「力」として使いきる、ということが自然体で行えるようになってくるのです。

実は、「メッセージ思考」を鍛えることで、もう一つ大きなメリットが得られます。それは、「一を聞いて十を知る」人になれる、ということです。より正確にいえば、あたかも「一を聞いて十を知る」ような「できる人」であるという印象を相手に与えられる人になれる、ということです。一体、どういうことでしょうか？

上司、同僚、取引先などから、会議や個別の打ち合わせなどで新たな商品・サービス

や施策の導入などについて話を聞かされる場面を想像してください。彼らの話をただ鵜呑みにして聞くのではなく、メッセージの基本パターンや、組み立て方、伝え方などのフレームワークに当てはめながら聞いていくのです。そうすると、この部分はしっかり考えられているが、こちらの部分の情報が不足しているとか、メッセージの要素は出そろっているが、それらの間のバランスが悪いとか、色々気が付く点が出てくるようになるはずです。

意見を求められたら、そうした点について、次のような形で質問やコメントをしてみましょう。

●「ソリューション」に関する情報ばかりが独りよがり風に並べ立てられているとき

・よいアイデアだと思いますが、こうしたことが必要とされるのはなぜかについてもう少し深堀りしてみませんか。
・鈴木さんがこのアイデアを思いつかれた背景を聞かせてください。きっと、鈴木さんならではの何か「一歩先」の視点があるのですよね。

・こういうことが求められる「時代の空気」みたいなものを、もう少し言葉にしてみると、提案がさらに引き立つかもしれませんね。

●話の組み立てが今一つピンと来ないとき

・想定されている課題と、それに対するソリューション（解決策）とのつながりがもう一段シャープに整理できると、納得感が増すのではないでしょうか。

・「これからこうなる。だから、こういうものが求められる。これが一番」みたいなお話にするとすると、どういう説明になりますかね。

●誰に訴えかけようとしているのかがピンと来ないとき

・このメッセージを受け手は誰なのでしょうね？その人に話しかけるように説明するとどうなるか、という視点でもう少し言葉を練りませんか。

・アイデアは素晴らしいので、あとは伝え方をどうするかですね。誰を相手にどうメッセージするかがカギになると思います。

●プルーフポイントが弱いと感じられるとき

・たしかにこれが「イケそうだ！」と思ってもらえる材料がもう少しあると、グッと説得力が増すのではないでしょうか。データでも、生のお客様の声でも何でもいいのですが……

・この提案がベストだと言える理由が、もう少し具体的に付けられると申し分ないと思います。

「メッセージ思考」は、コミュニケーションを目的達成のために必要な人に動いてもらうための「力」として使いきる思考パターンです。相手のアイデアの良し悪しについて評論家風にコメントするのは、誰にでも比較的簡単にできることです。それに対して、「メッセージ思考」を駆使してこうした質問やコメントの発し方をすることで、あなたはアイデアを形にして成果に結びつける全体観をもって物事を考えている人だという印象を与えることができるようになります。

「一を聞いて十を知る」と言いましたが、「十」の知識や情報を知っている必要はありません。「二」のアイデアを実行に移す上で、誰に何を伝えどのように事を起こすかという全体観（＝十）から考えるべきポイントを指摘することが重要なのです。さらに、先に挙げた例にあるように、「これが足りない。あれが無い」といった「ダメ出し」的な指摘のしかたではなく、足りないポイントを「もっと聞かせてほしい」とか、「一緒に考えませんか」といった、前向きなトーンでコメント・質問することで、より議論を深めるきっかけをつくることが大切です。

「やぁ、ありがとう。〈あなた〉と話すとアタマが整理されるな」と言ってもらえるようになれば、あなたは「できる人」の仲間入りをしたも同然です。

第6章

「メッセージ思考」を豊かにすれば、あなたの成長が加速する

「メッセージ思考」が真のリーダーへのパスポートになる

ここまで読まれて、「メッセージ思考」を習得して活用することで、あなた自身の想いや目的をより一層インパクトのある形で発信できるという自信とやる気がじわじわと湧いてきたのではないでしょうか。「インパクトのある形」というのは、周囲のメンバーに働きかけることで、彼らを巻き込んだ取り組みをあなたがリードして起こしていくことに他なりません。

それによって、あなた一人で「ポジショニング」を構えているのとは全く違うスケールで、あなたの周りにより強く大きな「ポジショニング」を築いていくことが可能になります。一人の担当者からリーダーへ、あなた自身の「ポジショニング」が高まり、徐々に成長していくのです。また、それに応じて「自分株式会社」の価値も大きく向上していくことになるでしょう。

ひとつだけ勘違いしていただきたくないことがあります。リーダーになるのは、「自分株式会社」の価値向上という「打算的な」目的のための手段であってはならないということです。

ここで改めて、リーダーとは何かについて考えてみましょう。「マネジメント」の著者として知られる希代の経営学者ピーター・ドラッカーは、次のように言っています。

Management is doing things right.
Leadership is doing the right things.

直訳すると、「マネジメントとは物事を正しく行うことであり、リーダーシップとは正しい事を行うことである」となります。決められたことを適切なやり方で滞りなく実行するのがマネジメントであるのに対して、たとえ困難であっても「正しい事」(the right things)をまず皆に指し示して、それをやり抜くのがリーダーなのであり、両者の役割には根本的な違いがあるのだと述べているのです。

「『世界に誇れ、世界で戦える日本』を」という高い理念を掲げて政策シンクタンクやリーダー育成を中心に活動する青山社中の創設者・朝比奈一郎さんも、リーダーシップについて次のように語っています。[*19]

「Leadershipは日本語でよく『指導力』と訳されます。しかし、集団の指針を決め、その集団を上手くまとめるといった側面が強調されるこの訳はLeadershipを誤解した訳です。部下や組織が簡単に納得する決断よりも、ついてくる人がどれほどいるかわからないチャレンジングな決断をする、『指導者』ではなく『始動者』が、本来の意味のLeaderの訳語だと私は思います」

「リーダーシップには生まれ持った能力や気質は関係なく、さらには地位も関係ありません。つまり、平社員でもリーダーになれるのです」

「**突き詰めるとリーダーは『始める人・動く人』だと思っています。Leadという動詞には目的語が必要ですが、何が目的語かといえばそれは集団ではなく、自分自身です。つまり、集団を率いるより前に自分がどう始動するか。そして、自**

分を動かすところから周囲を動かし、ひいては社会をも動かしていくのがリーダーシップです」

つまり、リーダーシップを考える上では、自分にとっての「正しい事」（the right things）が何なのか、という発想がすべての出発点だということです。第4章で「開拓者」の役割を起点として「ポジショニング」をつくる際のポイントとして、あなたが「引っ掛かり」を感じる課題を大事にしてくださいと申し上げたのを覚えていらっしゃるでしょうか。「引っ掛かり」を感じるのは、そこで議論されている課題が、あなたの知見やスキル、関心事などと密接に関係するからなのはもちろんですが、きっと、より根源的なところであなた自身が考える「正しい事」（the right things）につながっているからなのです。

「メッセージ思考」の引き出しを増やすことで、リーダーとしての器を大きくする

ただ、あなた自身にとっての「正しい事」がいくら理にかなっていたとしても、それを自分ひとりで考えて実行しようとしてはあっという間に限界にぶつかります。だからこそ、周囲の課題やニーズと掛け合わせて自らの「ポジショニング」をつくり、さらに、「メッセージ思考」を駆使して周囲を巻き込んで変革の渦をつくって行く必要があるのです。

本章では、こうした視点から前章までの流れを受けて、あなたが「メッセージ思考」をさらに強化し、リーダーとしてより大きく成長していただくためにマスターすべき次の2つのメッセージの基本パターンを軸にしながらお話ししていきます。

● 一つ目は、今までのやり方を大きく変えるような変革施策をチームメンバーに伝えるときのメッセージの基本パターンについてです。

●そして、二つ目は、想定外のアクシデントに対応する際の求められるメッセージの基本パターンについてです。

リーダーとしての「自分株式会社」の価値向上は、一人の担当者のときとは異なり、あなたがそれ自体を自己目的化して追求できるものではありません。「正しい事」を追求するリーダーとしてあなたが周囲に働きかけ、周囲のメンバーがそれを受け止めて、皆が協力して行動を起こした結果、はじめてもたらされるものであることを認識すべきなのです。このようなことも頭に置きながら、2つのメッセージの基本パターンを見ていきましょう。

変革施策をチームメンバーに伝えるときのメッセージの基本パターンとは

経営方針の変更、新しい事業戦略やシステムの導入などは、多くの場合、社内の関係メンバーに対して、これまでの仕事のやり方や考え方の変化を求めるものです。逆に言えば、メンバーが仕事のやり方や考え方を変えてくれなければ、どんなに立派な変革施策も「絵に描いた餅」になってしまい、成果に結びつきません。そして、変革を起こそうとするリーダーが一番苦労するのが、まさにこの点なのです。

人間は、誰しも「今のまま」でいることが一番楽なので、「変わらなくたっていいじゃないか」という現状維持思考が非常に強い生き物であるということを肝に銘じなければなりません。ミステリーの女王といわれたアガサ・クリスティーも、「人生の悲劇とは、人が変わらないということだ（The tragedy of life is that people do not change.）」と言っているくらいです。例えば、これまでの「モノ売り営業」の考え方を改めて、お客様の視点に立って「ソリューション営業」をしていこう、といきなり言っても、そもそも意味が理解されないし、長年染みついた行動や考え方をそう簡単に変えてもらえるはずもありません。

前章で触れたグループウェアが、導入検討を経て実際に営業部門に本格導入されることになった場合を想像してみてください。あなたがリーダーとしてこの「本格導入」を部門全体に発表するときに、どのようにメンバーに語りかけますか？

これまでの導入検討を経て、いよいよ4月1日から、営業部門全体にグループウェアを導入して皆さんの仕事の見える化と情報の共有を進めていきます。そのために、毎日必ず決められたデータを入力してください。詳しい使用方法については、添付のユーザーマニュアルを各自参照してください。

これでは、味も素っ気もない事務連絡であって、リーダーとしてメッセージという感じはしませんよね。受け手となるメンバーが「さぁ、やってみるか」と自身の意識や行動を変えていくきっかけになるような要素がほとんど見当たらないからです。最悪の場合、完全に「スルー（無視）」されるか、反発を招いて炎上するか、といったリスクも覚悟しなくてはなりません。自分株式会社のCEOとしては、こうしたリスクはすべて自分に降りかかりますから、絶対に避けなければなりません。

けれども、あなたの会社の身の回りを眺めてみてください。結構大きな変化を伴う話でも、こういう「事務連絡調」のメールや説明で済まされてしまっているケースが大半なのではないでしょうか。多くの人が単なる作業者として、伝言ゲームのように決まったことを伝えるだけで仕事をしたつもりになっているのです。その結果、意図した変革の効果も思うように現れないままで終わるケースが少なくありません。

では、こうした変革施策の意味やねらいをメンバーに適切に受け止めてもらい、彼らにこちらの意図に沿う形で意識や行動を変えてもらうには、どのようにメッセージを組み立てたらよいのでしょうか。実は、このような場合にも、広報・コミュニケーションのプロや一部のビジネスエリートたちが暗黙知として使っているメッセージの組み立てパターンがあります。それは、通常、次の3つの要素から成り立っています。

❶変革の必要性

「なぜ変わる必要があるのか／何が変わるのか／どこへ向かうのか」

――変革を迫る環境変化のトレンドと、それへの対応としての変革の内容や方向性

❷一人ひとりに求められる変化

「どのような発想や行動の変化が求められるのか」

――①の変革を具体化する上で、各メンバーに求められる仕事のやり方・考え方の変化

❸提供できるサポート

「リーダーとして（或いは会社として）一人ひとりが求められる変化を実現するために、こういう風にサポートする」

――②の発想や行動の変化を実現するために提供される施策やプログラムなど

最初に変革の必要性（①）、つまり、「なぜ変わる必要があるのか」について、自分たちを取り巻く環境変化のトレンドなどをもとに説得力ある形で説き起こし、具体的に「何を変えるのか」、その結果「どこに向かうのか」についても、可能な限り説明します。変革の必要性を強烈に打ち出すことで、「変わらなくたっていいじゃないか」という現状維持思考に揺さぶりを与える必要があるからです。

次に、メンバー一人ひとりのレベル（②）において、「どのような発想や行動の変化が求められるのか」を具体的に示します。さらに、そうした一人ひとりに求められる変化を可能にするために、リーダーとして（或いは会社として）どのようなサポートを提供するか（③）という点を加えることで、一人ひとりの変化実現に寄り添う姿勢を示す、という組み立てになっています。

この組み立てにしたがって、先ほど例に挙げたグループウェア本格導入の発表に際してのメッセージを再検討してみましょう。

これまでの導入検討を経て、いよいよ4月1日から、営業部門全体にグループウェアを導入することになりました。

昨今、お客様と当社および競合他社とのタッチポイントがオンライン上にも広がり、急速に多様化してきています。こうした中で、リアルタイムで様々な情報の共有を進めることが、営業担当一人ひとりのお客様への対応の精度やスピードをさらに高め、部門全体の業績を向上させていく上で不可欠になっています。今回のグループウェア導入の最大のねらいは、まさにこの点にあります。（①変革の必要性）

グループウェアの価値は、集められたデータの鮮度と質によってきまります。そのため、皆さんには、これから毎日必ず決められたデータを入力していただく必要があります。また、データを入力するだけでなく、集まったデータをご自身のお客様への提案などにも積極的に活用していただくようお願いします。（②一人ひとりに求められる変化）

グループウェアへのデータの入力は、スマートフォンとタブレット端末を使って外出先からでも行うことができます。業務の効率性アップに加え、「働き方改革」の観点からも有効活用していただければ幸いです。データの入力や活用についてご不明な点がある方には、個別のサポートを提供しますので、私を含むプロジェクトチームメンバーにご遠慮なく連絡ください。
（③提供できるサポート）

ご理解・ご協力のほど、どうぞよろしくお願いいたします。

このメッセージの組み立てパターン、どう思われましたか。そんなの当たり前じゃないか、と感じられるかもしれません。しかし、こうしたメッセージを一貫性のある形で発信し続けることで変革をやりきれるかどうか、という点こそがリーダーに対する評価の決め手となるのです。具体的な事例をみながら、考えていきましょう。

マイクロソフトやソニーの変革を支えたメッセージも同じパターンで組み立てられていた

マイクロソフトのCEO（最高経営責任者）であるサティア・ナデラさんの著書「Hit Refresh（ヒット・リフレッシュ）」[*14]には、2014年にCEOに就任して以来、マイクロソフトの改革をリードしてきたナデラさんのリーダーとしての歩みとそれを支える彼の経営に対する考え方が率直に語られています。これを読むと、マイクロソフトという巨大グローバル企業の改革という大きなチャレンジに取り組む中でナデラさんが様々な場面で発してきたメッセージの骨格部分は、次ページのような3つの要素で成り立っていることが分かります。

【サティア・ナデラさんのメッセージの3要素】

❶ 変革の必要性

「デバイスの多様化」と「クラウド化」により、個々のデバイスに縛られないモバイルな人間経験が重要な時代を迎えている。マイクロソフトは、パソコンなどのデバイス（向けに開発された自社製品）中心の発想を改め、**モバイルファースト、クラウドファーストの世界で人や組織に力を与えるプラットフォーム企業**にならなければならない。

❷ 一人ひとりに求められる変化

ライバル企業を打ち負かすことに主眼を置くのではなく、顧客を第一に考え、積極的に多様性を受け容れ、組織の壁を超えて団結した一つの会社として活動しよう。そのために、一人ひとりが**他者の声に耳を傾け、学び続ける「成長マインドセット」を実践**してもらいたい。

❸ 提供できるサポート

CEO自身が（❷で述べた）企業文化の変革の先頭に立ち、多様性を活かし、他者の声に耳を傾けて学び合う企業文化を生み出すことに全力を注ぐ。（「マイノリティ」の境遇からCEOに昇格した自分だからこそ、こうした企業文化の変革をリードできる）

ナデラさんは「デバイスの多様化」と「クラウド化」という業界全体を取り巻く大きなトレンドに着目し、パソコン向け製品中心だったそれまでのマイクロソフトの事業モデルやそれを支える発想・考え方の根本的な転換の必要性を訴えました。そして、こうした転換を実現するには、一人ひとりのマインドセットと行動を変えることで、企業文化全体をこれまでのものから大きく変化させる必要があると訴えたのです。

さらに、こうした大掛かりな企業文化の変革を、CEO自身が先頭に立って推進することを打ち出すことで、メンバーにも自分の本気度を伝え、実際に様々な変革を矢継ぎ早に実施して成功に導いていきます。ここで効いてくるのが、インド出身という「マイノリティ」の境遇からマイクロソフトでのキャリアをスタートさせてCEOにまで昇格したナデラさん個人のユニークなプロフィールです。彼の姿形そのものが、これまでの「当たり前」にチャレンジし続けてきた自分だからこそ、こうした大胆な変革をリードできるという、強力な差別化メッセージを発しているのです。

また、平井一夫さんの著書「ソニー再生」[*16]を読むと、2012年に当時経営難にあったソニーの社長兼CEOに就任以来、平井さんが大規模な経営改革を進める上で社内のメンバーにどのように向き合い、語りかけてきたかを詳しく知ることができます。同書を読み解くと、6年間の社長在任中に平井さんが発したメッセージの核心には、絶えず次の3つの要素が流れていたことが分かります。

【平井一夫さんのメッセージの3要素】

❶ 変革の必要性

エレクトロニクスの不振で経営難にあるソニーの立て直しには、聖域のない痛みを伴う改革が必要だ。**「KANDO（感動）を提供する会社」**

という本来目指すべき姿に立ち返ることで、バラバラになった事業を見直し、「量から質へ」経営のあり方を抜本的に転換することが求められている。

❷ 一人ひとりに求められる変化

ノスタルジーと決別し、**いたずらに売上規模（量）を追うのではなく、「KANDO（感動）」のある商品やサービスの提供**にむけて、あらゆる事業領域でイノベーションを進めるとともに、経営の規律を高めていこう。

❸ 提供できるサポート

私（平井）は（これまでのソニーのトップのような）カリスマではないので、**どんな「異見」にも謙虚に耳を傾けるし知ったかぶりはしない**。**また、一度決めたことには責任を持つ（途中でハシゴを外したりはしない）**。「KANDO（感動）」を提供する会社としてソニーを再び輝かせたいという社員一人ひとりの情熱を、必ず結果に結びつける。

一見青臭い、当たり前のことを言っているだけのように聞こえるかもしれません。しかし、こういう大胆かつ本質的な内容を、そして、ソニーという企業の存在理由に関わるメッセージを、様々な場面で手を変え品を変えしながら、何度も繰り返し説き続けることで、社員の納得感がジワジワと高まっていったのです。書籍の中で触れられているように、赤字続きだったテレビ事業も、売上目標を追うことから「ＫＡＮＤＯ（感動）」品質の提供に舵を切ることで、立て直しに成功します。

また、平井さん自身、カリスマでもなければ、エンジニアのバックグラウンドもなく、音楽事業という「傍流」の出身であることを踏まえ、異なる意見（異見）をどんどんぶつけて欲しい、同じ仲間として一緒に力を合わせてソニーを再び輝かせよう、と呼びかけます。こうした一見「弱み」となりそうな点を自身の差別化ポイントとして打ち出すことで、社員の理解・共感を得ることにつながったのです。

「メッセージ思考」をフル稼働させて、周囲のメンバーを巻き込み変革を加速させる

このように、大きな変革をやり遂げるリーダーの多くは、優れた「メッセージ思考」の持ち主です。3つの要素で整理されたメッセージを、日々見聞きする様々なデータや事象をプルーフポイントとしながら、周囲のメンバーに発信し、メンバーが自分の変革ビジョンに賛同して知恵や力を貸してもらえるように、あらゆる機会を徹底活用しているのです。そこでのポイントは次の通りです。

- 一回言っておしまいではなく、しつこいと思われるほど繰り返し言い続ける
- ただし、飽きられないように、その時々の話題や聴衆の関心事にあわせて、メッセージを伝える際に使うプルーフポイントを常に工夫する
- 一方的に発信するばかりではなく、「何でも質問してほしい」と促し、ブリッジングのテクニックを活用して相手の質問に答えながらメッセージを伝えるように努力する

二番目の点とも関わりますが、何が自分のメッセージの効果的なプルーフポイントに使えそうかということについて鋭敏な感覚を備えている人こそ、優れた「メッセージ思考」の持ち主なのです。**では、変革を進めるリーダーが自らのメッセージを伝える上で、最も効果的に活用することができるプルーフポイントとは何でしょうか？**

それは、周囲のメンバーが関わって達成された成功事例です。どんな小さなことでも良いので、意図した変革の方向性を体現するような成功事例があったら、それを引っ張りだして、大げさだと思われるくらい強調してメンバー全員に共有してください。その際、それに関わったメンバーへの賞賛や感謝の言葉も必ず添えて伝えてください。

抽象的なリーダーのメッセージだけでは十分に伝わらないことでも、身の回りの具体的な事例を使って「こういうことが出来るようになるって、素晴らしいですよね。こういう成功事例を皆さんでもっとたくさん作って行きたいですよね。第3営業地区担当チームの皆さん、事例を共有いただきありがとうございます」といった具合に伝えると、より肚《はら》に落ちるものなのです。さらに、自分たちと同じ立場の同僚たちがその事例を作った張本人であって、それが全メンバーの前で評価され賞賛されている、という構図を見せつけることで、半信半疑だった他のメンバーたちも「私も真似してトライした方がいいかしら」という風に考え始めるものなのです。

前章から例にしている営業部門へのグループウェア導入というケースを考えてみましょう。導入の目的は一言でいえば、一人ひとりの営業担当のパフォーマンスの維持・向上のための情報共有の推進、ということですが、そのためには、全ての営業担当に決められた情報をスケジュール通りに入力してもらう必要があります。しかし、導入当初、こうしたタイムリーな情報入力を面倒くさがってやらない人が一定数いるかもしれません。その時どうするか？

「期限までに入力をしてください」としつこく催促するだけでは、相手の方もますます協力に背を向けていくことが予想されます。例えば、次のような成功事例の発表を行ってみてはどうでしょうか。

グループウェア導入担当の山田（＝あなた）です。嬉しいニュースを共有させていただきます。先月末に第3営業地区担当のAさんがX社様に提案して受注につながった案件情報をグループウェア上で紹介してくださったところ、第6営業地区担当のBさんがX社様と同業種のY社様にも同様の提案を行い、昨日小規模ながら初受注を達成したとの報告をいただきました。部門長のMさんからも、「グループウェアを通じた情報共有の推進が、タイムリーで効率的な営業活動を実現する好事例です。今月の営業部門全体会議でも成功事例研究として取り上げたいと思います」とコメントがありました。Aさん、Bさん、事例をご紹介いただきありがとうございました。

「イソップ寓話集」に含まれている「北風と太陽」のお話をご存じでしょうか。北風と太陽が、通りかかった旅人の上着を脱がす勝負をするのですが、北風が強く吹けば吹くほど、旅人は上着を飛ばされまいと必死になるので逆効果になります。次に太陽が照らすと、旅人は自ら勝手に上着を脱ぎ出した、というお話です。

意図した変革を受け容れない人に対して、いくら強く催促したりお願いしたりしても、なかなか効果が得られないものです。彼や彼女の同僚メンバーが、一足先に変革を体現することで具体的な成果をあげて評価されているという姿を見せつけることで、自発的に意識や行動を変えていかざるを得ないような雰囲気をつくることが重要であり、より効果的なのです。

想定外のアクシデントを自分株式会社の「つまずきの石」にしないために

次に、想定外のアクシデントに見舞われた際にリーダーとして発信すべきメッセージの基本パターンについて見ていきましょう。

どんなに仕事ができる人であっても、思わぬミスや不測のトラブルに遭遇することが必ずあります。リーダーとして周囲のメンバーを巻き込んで大きな取り組みを推進する立場になればなおのこと、仮に自分が直接タッチしていなくても、「大きな取り組み」

の一部に関わることで何らかのミスやトラブルが発生したら、責任ある説明や対応をとることが求められるものです。

同じトラブルであっても、事態をどう切り抜けるかでその後の評価が大きく変わってきます。こうした状況で「ボロが出る人」は、場当たり的な受け身対応に終始する傾向にあります。例えば、何かの手違いでAさんという担当者によるお客様へのメールの誤送信というアクシデントが発生した場合を想像してみてください。事態を察知した上司の部門長から、リーダーであるあなたに電話で問合せが入ってきたとしましょう。

部門長「メールの誤送信が発生したと聞いたけれど、一体何が起きているんだ？」
あなた「はい、Aさんが自分のお客様リストに来月のセミナーのお知らせを送るべきところを、誤って別のリストのお客様に送ってしまったみたいで……」
部門長「何人くらいのお客様が影響を受けているのか分かっているのか？」

あなた　「Aさんに聞いてみないと分かりません。至急調べて報告します」

（数時間後）

あなた　「先ほどは失礼しました。Aさんに聞いたところ、誤送信先はメールアドレスで80件程度とのことでした」

部門長　「そうか。至急80件の方へのお詫びが必要だな。そのあたりの対応は大丈夫なのかな？」

あなた　「それはAさんの方で何か考えていると思うのですが……聞いてみます」

部門長　「大体、この誤送信はどういう理由で発生したか分かっているのかな？」

あなた　「……それもAさんに聞いてみないと分かりませんが……」

部門長　「あと、念のため確認だけど、この件は個人情報漏えいに該当するような話ではないんだよね……？」

あなた　「…………」

このやりとり、どう感じられたでしょうか。問い合わせてきた部門長は、あなたの対応にかなり「イラっ」ときているはずです。なぜならば、そもそも、あなたが「誤送信」を重大なアクシデントととらえている様子がうかがえず、Aさんが起こしたミスで自分も困っているといった「被害者」意識すら垣間見られるからです。その結果、部門長からの質問をAさんにただただ伝えて、Aさんから回答を「一問一答方式」で報告しているだけの対応になっています。まさに、「場当たり的な受け身対応」です。

部門長としては、取り組み全体の推進リーダーとなっているあなたに、その中で発生したメール誤送信という事態を自分事としてとらえて、もう少し全体観のある説明や対応を期待していたことでしょう。あなたの対応は、それをことごとく裏切る形になっています。

部門長が気の短い人であれば、「もういいよ。Aさんに自分から直接聞いて対応を検討するから」と言われかねません。こうなったら「アウト」です。調子の良い時は「リーダー風を吹かして」いるけれど、こういう都合の悪いことが起こると全部「他人事」にするタイプなんだな、とレッテル貼りされてしまいます。これでは、今まで築き上げてきたリーダーとしての「ポジショニング」や自分株式会社の価値を、一気に大きく毀損することになってしまいます。

想定外のアクシデントに対応する際に求められるメッセージの基本パターンをマスターする

こうした残念なことにならないためには、起こったことを自分事としてとらえ、全体観をもって対応するとともに、逃げ隠れせずに説明責任を果たす姿勢を示すことが何より重要です。その第一歩として、不足の事件・事故やクライシスなどの際の広報対応に使われる、次のようなメッセージの基本パターンをマスターしておきましょう。

❶　事態と発生原因

「何が起きたのか／なぜ起きたのか／被害状況はどうなっているか」

——発生した事態とその影響範囲、および発生原因を含む事態の全体像の詳細

❷　お詫びと対応

「発生事態をどう受け止めるのか／被害者への対応は」

——①を踏まえた発生事態に対する基本見解（お詫び）、および被害者への対応方針

❸　再発防止策

「同じことを二度と起こさないために今後実施すること」

——①で特定された発生原因を踏まえた再発防止のための施策や取り組みなど

あなたの「メッセージ思考」の引き出しにこの基本パターンを格納していつでも使えるようにしておくことで、どのような不測の事態に遭遇しても、何を確認し、どのような情報を集め、誰に何を伝えなければならないかをトータルで考えて行動することができるようになります。これによって、上司への報告やその後の対応で大きく差をつけることができます。想定外のアクシデントへの対応を通じて「ボロを出す」どころか、事と次第によっては、むしろあなた自身の評価を上げることにもなり得るのです。

例えば、先ほど触れたメール誤送信の件なども、この基本パターンを使えば、次のように整理して説明・報告することができるでしょう。

❶ 事態と発生原因

〇月〇日〇時ごろ、来月開催予定のセミナーの案内のメールを本来送るべき送付リストとは異なる80名の方に誤って送信するという事態が起きました。担当者のAさんが送信時に送付リストの選択を誤って送信したことが主な原因です。なお、誤って送信された80名の方には個別にメール送信されているため、メールアドレス等の個人情報の漏えいなどの事態は発生していません。

❷ お詫びと対応

誤って送られたメールを受信した80名の方には、本日中にお詫びとともに受信内容の削除をお願いするメールを送る予定です。同メール中には、お客様相談窓口の電話番号も記載し、追加でのお問い合わせにも対応する態勢を整えています。また、本来セミナーの案内をお送りすべきだった方々へのメール送信も、速やかに実施します。

❸ 再発防止策

今後、複数のお客様向けにメールで各種情報を一斉配信するような場合には、担当者に加えマネージャーも送付先・送付内容を事前確認することをルール化し、メール管理システム上でもマネージャーの事前確認が済んでいることを送信条件とするように設定変更を行うことを検討します。

部門長から最初に電話が入ったときに、あなたがここまで情報を整理して回答する準備ができていたならば、部門長は「イラっ」とするどころか、むしろ、あなたがリーダーとして全体の動きをしっかりと掌握して事後対応まできちんと考えてくれていることに感心することでしょう。ここまでバシッと説明されたら、上司としては「状況はよく分かった。あとはよろしく頼む」と言えば済むわけですから。

さらに欲を言えば、部門長から聞かれる前に、アクシデントが発生してからできるだけ短時間のうちに、あなたから自発的に説明・報告がなされるのが理想です。上司の立場になってみると分かりますが、こちらから尋ねなくても悪い知らせをいちはやく上げてくれる部下が「二重丸(◎)」、尋ねたら悪い知らせでも的確に報告してくれる部下が「丸(○)」、いくら尋ねてもちんぷんかんぷんな報告しかできない部下は「失格(×)」なのです。

「悪い知らせ」は一刻も早く関係者に伝えることが肝心なのは、マキアヴェッリの「君主論」の中に出てくる次のような一節からも知ることができます。

「要するに、悪しき行為は一気にやってしまわねばならないのだ。そうすれば、それを人々が味わわなければならない期間も短くなり、それによって生ずる憎悪も少なくてすむからである。とはいえ、恩恵は、人々に長くそれを味わわせるためにも、小出しに施すべきである」[*17]

この中に出てくる「悪しき行為」を想定外のアクシデントなどに関わる「悪い知らせ」に、そして、「恩恵」を「良い知らせ」に置き換えても、全く同じことが言えるのです。リーダーとして社内外の多くの関係者をリードする上で、とにかく**「悪い知らせ」は早く一度に**、**「良い知らせ」はゆっくり小出しに**、**が情報発信の原則**であることを覚えておいてください。

所詮「他人事」という意識を捨て去ることが、メッセージに説得力を持たせるカギ

以上で、変革施策を発表したり、想定外のアクシデントに対応したりする際に使うべきメッセージの基本パターンをみてきましたが、**最大のポイントは、いかなる状況においてもリーダーとして「当事者意識」をもってメッセージを組み立てて伝えきれるかにあります。**

いずれのケースでも、一見すると変革施策によって「割を食う」人がいたり、アクシデントの原因の「張本人」扱いされるメンバーがいたり、被害者が発生していたりして、何をどういう風に伝えてみても、最初から100パーセント周りが理解して前向きに受け止めてくれないリスクが一定程度見込まれます。リーダーとしてメッセージを発するあなたに対して、矢のような批判や質問があちこちから飛んでくる可能性もあるでしょう。

そういう批判や質問をまともに受けるのは気が滅入るので、「（こんな変革施策には）自分も納得していないけれど、上の人が決めたことだから仕方ないんだよね」とか、「（こんなアクシデントが起きちゃって）自分も巻き込まれて迷惑しています」とかいう風に言いたい気持ちがついつい頭をもたげてきます。「別に自分がやった（決めた）ことじゃないんだけどね」と言ってその場から逃れたい気持ちです。しかし、この誘惑に負けてはいけません。

こういう気持ちがチラッとでも現れると、相手には「口ではああ言っているけれど、所詮『他人事』なのね」と見透かされてしまいます。リーダーとして発したメッセージが、完全にスルー（無視）されるか、或いは、悪くすると大炎上するような事態に発展し、一気に「リーダー失格」の烙印が押されてしまいかねません。

今から20年余り前のことになりますが、大手乳業メーカーが関与する集団食中毒事件が発生しました。被害者は、死者を含め約1万5000人にものぼりました。こうした事態に対応するために、同メーカーは記者会見を開きますが、開会後一時間で一方的に会見を打ち切ります。会場を立ち去ろうとする社長に記者たちが詰め寄り記者会見の延長を求めたところ、社長は「そんなこと言ったってねぇ、わたしは寝ていないんだよ」と発言し、これが大々的に報道されたことで、さらに大きな社会的批判にさらされることになりました。

この社長さんからすれば、自分も食中毒を起こした張本人扱いされて迷惑しているんだよ、最近ろくに寝ていないしいい加減に勘弁してくれないか、というのが本音だったのでしょう。ひとりの普通のオジサンであれば、幾分かは同情に値する話かもしれませんが、リーダー、それも大企業の社長ともなると、こうした「本音」を、それも全国の視聴者が見ているテレビカメラの前でぶちまけてしまうと、もう取返しはつきません。結局、この社長さんはほどなく辞任されました。

これは、かなり極端な事例と映るでしょうか。しかし、「当事者意識」をもってどんな疑問や質問も受けて立つという気持ちが少しでも揺らいでいることが相手に分かってしまうと、基本パターンに沿って立派なメッセージを準備していても台無しになりかねないのです。

対照的な事例が、先に触れた「ソニー再生」の中に紹介されていました。２０１１年にソニーが大規模なサイバー攻撃を受けた時のことです。最大で７７００万件に及ぶ個人情報の流出が疑われつつも被害の全容がつかめない中、ソニーのトップや法務責任者は米国での訴訟リスクを理由に記者会見の開催に反対します。

しかし、当時副社長だった平井一夫さんは、「日本には日本の文化がある」「自分たちも被害者だと言っても伝わらない」「この役目は私がやるので、任せてほしい」と言って、「お詫び会見」の開催に踏み切ります。それをきっかけに、加熱気味だったマスコミや世論も徐々に沈静化していったと言われています。企業も組織も、リーダーの「当事者意識」の持ち方ひとつで、その命運が大きく変わるものなのです。

口先だけではない、「言語と非言語の一致」がメッセージを伝えきるパワーになる

「当事者意識」とも深く関わるのが、言葉以外の部分も含めた、トータルでのメッセージの伝え方です。リーダーとして変革施策を発表したり、想定外のアクシデントへの対応を行ったりする際に、社内外の関係者に直接会って説明をしたりお詫びをしたりすることも求められたりするでしょう。こうした場合に重要になるのが、言語と非言語での発信が一致していることなのです。

よく「あの人は、言葉では優しそうに話しかけてくるけれども、目が笑っていない」と言ったりします。また、以前、服装の乱れを指摘されたあるオリンピック日本代表選手が、記者会見で「反省してまーす」と発言して批判されたことがありました。これらに共通する問題は何でしょうか。

それは、話している言葉（言語）と言葉以外のしぐさや表情（非言語）が発するメッセー

ジとの間に大きなギャップ（不一致）があることです。そして、このような場合、人間は非言語の発するメッセージの方をより強く信じる傾向があると言われています。

つまり、どんなにすばらしい言葉でメッセージを伝えようとしていても、言葉以外のしぐさや表情がそれと一致したものとして相手に映らない限り、こちらの意図したようには伝わらないのです。それどころか、全く誤解・曲解されて伝わってしまうリスクすらあるのです。

同じ会社の仲間同士はもちろん、お客様や取引先との打ち合わせなども、オンライン会議で実施されることが増えてきました。じかに対面で話していても、こちらが発した言葉がどう伝わっているかが分かりづらい中で、オンライン環境になると、さらにそうしたリスクが大きくなることが考えられます。

では、どうしたらいいのでしょうか？

密教の中心教義に「身口意《しんくい》の一致で宝の蔵は開かれる」というものがあるそうです。「身

＝行動」「口＝言葉」「意＝意識・気持ち」の3つを一致させることで、あらゆる願いは成就するという教えです。逆に、想いや願いが叶わないのは、身口意が一致していないからだということになります。[*15]

●口では相手のことを持ち上げてほめておきながら（口）、心の中では軽蔑し（意）、相手を見る目は笑っていない（身）。
●口では「反省しています」と言っておきながら（口）、心ではばかばかしいと思い（意）、ふんぞり返って相手の質問に答えている（身）。

このように、言っていること、心の中で思っていること、やっていることがバラバラだと、そもそも発した言葉が額面どおり受け取られることはなく、相手には不信感が植え付けられてしまいます。「この人は、口では耳ざわりの良いことを言うけれど、信用できない人だ」といった具合に。

言葉（口）と言葉以外のしぐさや表情（身）を一致させるカギは、「意」すなわち意識・気持ちを固めることです。メッセージを伝えるべき相手がどんな状態にあるのかについて、あらゆる手段をつかってイメージ豊かに想像し、自分の気持ちを高めていくのです。

- アクシデントなどで苦情やクレームが入ってきているようであれば、その内容を文字だけでなく、可能であれば音声で確認する
- 変革施策の影響を受けるメンバーがどのような仕事上の不安や課題を抱えているかを、可能なルートから直接・間接に聞き出してみる
- お詫びや協力依頼のために相手を訪問する場合、初めて訪問する先であれば、予定時刻の30分～1時間前に到着して、オフィスや周囲の様子を眺めながら、相手先への気持ち・意識を再度反すうする時間をとる

このように、メッセージを組み立てるだけでなく、それを最も効果的に伝えきるための非言語でのコミュニケーションに至るまで考えて、自然に実行できるようになると、あなたの「メッセージ思考」はリーダーとしての器をより一層大きなものにする武器となっていくことでしょう。

第7章

自分自身の「アスピレーション」の旗を掲げよう

志のある夢を語り、真のリーダーとしての求心力を高め仲間を増やそう

ここまで、あなたが自分株式会社のCEOとして、自分独自の知見やスキルを周囲のメンバーに価値あるものとして認めてもらえるような環境を整えるために求められる発想や行動を、ひとくくりに「自分広報力」と総称して説明してきました。「自分広報力」を発揮するための第一歩は、周囲のメンバーが抱える課題・関心事や困りごとと自分独自の知見やスキルとが掛け合わされるテーマを見出し、それをあなた自身の「ポジショニング」に昇華させることでした。

さらに、あなたが一人の担当者からリーダーへと成長する上で、「メッセージ思考」を身につけることの重要性をお話ししてきました。「メッセージ思考」が加わることで、リーダーとしてのあなたの「自分広報力」は大きくパワーアップされます。これによって、あなた自身の「ポジショニング」の周りに、周囲の様々なメンバーを巻き込んでつくられたより大きく強力な「ポジショニング」が生み出されていくのです。

これらを実行するだけでも、自分株式会社としてのあなたの社内での評価やキャリアの市場価値は、以前に比べて確実にアップしていくことは間違いありません。しかし、ここで満足することなく、あなたが「自分広報力」を備えた真のリーダーとして、今後さらにダイナミックに羽ばたいていくためには、方法論やテクニックを超えたところで、多様なメンバーの心を惹きつける何かが必要になります。私はそれを、「アスピレーション（Aspiration）」と呼びます。

「アスピレーション」とは、日本語では「願望」とか「大志」と訳されますが、その語源はラテン語の「息を吹き込む」という動詞にあるそうです。**「外」から与えられた動機づけ（モチベーション）ではなく、自分の胸の奥底から息吹きのように湧き上がってくるような、内発的な希《ねが》いに裏打ちされた、「志《こころざし》」や「大義」**といった意味合いの言葉なのです。

リーダーとしてのあなた自身が考える「正しい事」（the right things）について、なぜそれが「正しい事」だと思うのかを自分の心に繰り返し問いかけてみてください。そうした自分との対話を通じて、あなた自身が考える、自分の所属部門や会社の「あるべき姿」、ビジネスや社会の「あるべき姿」、一人ひとりのライフスタイルや働き方の「あるべき姿」など、あなたが心から願っている何かが具体的にイメージできるようになれば、それがあなたにとっての「アスピレーション」の原点になるはずです。

「アスピレーション」なんて、大胆な将来ビジョンを掲げて新たにビジネスを立ち上げる起業家以外には無縁なことだと思われるかもしれません。しかし、「良いモノを作れば売れる」という時代が終わりを迎える中で、一人ひとりのビジネスパーソンが持つ志や情熱、こだわりなどがきっかけとなって、お客様や社会の隠れたニーズを探り当てて新たな需要を生み出したり、社内の「当たり前」を打破してイノベーションを起こしたりする可能性はむしろ広がっているのです。

現在（2023年1月現在）日本マクドナルドホールディングスのCEOを務められている日色保さんは、メディアの取材でリーダーの育成や選抜に関して重視するポイントを聞かれた際に、いくつかの要素を挙げて説明してから、「後は、アスピレーションがあるかですね。大きな成果を出せるポジション、仕事への意欲がどれくらいあるかです。これは、意外にない人がいます。日頃、ばりばり仕事をしていても、そうじゃないのです。いざ先頭に立って変化をドライブしていけるかどうか。その見極めも重要だと思います[*16]」と語っています。

従来であれば、「アスピレーション」を振りかざすような人材は企業の中で煙たがられることの方が多かったはずです。しかし、これからは、むしろ、そうした内発的な動機や志を、リーダーが備えるべき資質として前向きに評価し、ビジネスの推進力として積極的に活かしていこうとする流れが、企業の側でもより一層顕著になることでしょう。ビジネスを取り巻く環境が激変を続ける中で、根本の部分で一貫して高い理想や志を抱き続けられる人材こそが、多くのメンバーを束ねて目の前の困難を乗り越えることができ、失敗したとしてもまた立ち上がることができるからに違いありません。

「アスピレーション」の旗を立てることが周囲を動かし、不可能を可能に変える

実際に、自分の会社の同僚やお客様、さらには社会全体に貢献したいという高質な「アスピレーション」を持ち、それを日々の行動で示すとともに、積極的に発信していくことは、あなたの周りに様々なプラスの変化をもたらします。やがて、「実は私も前から同じことを考えていたんです。是非、一緒にやらせてください」と言ってくる仲間ができ、そうした仲間が徐々に増えて、あなたが属する組織や会社全体、さらには社会を変えていくようなムーブメントに発展することだって夢ではありません。

私が以前、スーパーマーケットの会社経営に関わっていた時のことです。スーパーの店舗では、売れ残って消費（賞味）期限が近付いた食品を廃棄するという仕事がありました。お米もお菓子も、様々な加工食品も、期限が近付いてきたら店舗の後方に下げられて分別廃棄されます。店舗で働く方から、「この食品廃棄の仕事が一番つらいです。お米の袋をカットして、白いお米をジャーと捨てていると悲しくて涙が流れてきて

……」と聞かされたことがありました。皆知ってはいるけれど、ビジネスの「必要悪」として目をつぶっている部分があったのです。

当時私のチームに所属していたあるメンバーが、こうした「食品ロス」を何とかしなければと声を上げました。彼女は元々、環境問題や食品、農業などに非常に高い見識がある方でした。フードバンク（食品寄付活動）をやっているNPO法人に知り合いがいるので、そのNPO法人にまだ食べられる（のに廃棄されてしまう）食品の寄付をしたい、と私に相談を持ち掛けてきたのでした。「もったいない食品を減らしたい」という彼女の強烈な「アスピレーション」が私を動かし、社内での調整を経て、取りあえず近場にある3つの店舗で定期的にNPO法人の方に食品回収に来てもらうことにしました。

しかし、NPOのトラックが店舗を回って寄付食品の回収を行うのは手間もコストもかかります。対象店舗を3店舗からさらに増やしたくても、なかなか簡単にはいきません。店舗拡大の目途が立たないまま、2年間ほど細々と活動を続けていたところ、物流部門のメンバーから、良い考えがあるからぜひ協力させて欲しいとの連絡を受けたのです。

彼らの提案は、商品を店舗に運ぶトラックがその帰りに店舗で寄付食品を積み込んで物流センターに戻るようにすれば、多くの店舗に食品寄付に参加してもらえるし、NPOは物流センターでまとめて食品を受け取れるので、寄付する食品を大幅に増やすことができるはずだ、というものでした。先が見えない中で3つの店舗で「見切り発車」的に始めた活動でしたが、社内報で紹介したり、ことあるごとに活動内容を社内で話したりしていました。そうした地道な積み重ねが効いたのか、「もったいない食品を減らしたい」という「アスピレーション」が他の部門のメンバーにもじわじわと伝わり、こちらが頼みもしないのに、色々と考えて提案してくれたのです。

そして、実際にこのやり方を導入することで、以後、食品寄付に参加する店舗数を大幅に増やす道が開かれていきました。何よりも喜んでくれたのは、店舗で働くメンバーでした。当時としては先進的な取り組みであったことから、マスコミなどでも広く取り上げられ、外部からも表彰を受けるなど、思わぬ形で評価をいただくことにもつながりました。

このような経験から、私自身、社会のために少しでも役に立ちたいという私心の無い「アスピレーション」が根底にあり、それをじわじわと伝えていけば、支援者はいつか必ず現れるものだと確信するようになりました。このことは、パナソニックの創業者として知られる松下幸之助さんが「経営者の心根《こころね》」という言葉で話されていることにも相通じるものがあります。[*17]

松下さんは、小規模の会社であればリーダーが部下に「ああせい、こうせい」と命令していれば何とかなるが、規模が何千人何万人と大きくなると、それでは通用しない、部下に対して「どうぞ頼みます」と「手を合わせて拝む」という心根がなければいけない、と説かれます。そして、「そのような心根をもっているならば、同じ言動であってもその言動の響きは違ったものになり」多少無理と思われるようなことでも、皆で協力して乗り越えていけるようになるものだ、とも言われています。

私にフードバンクへの食品寄付を提案してくれたメンバーの「もったいない食品を減らしたい」という言葉は、まさに彼女の心根から発せられたものだったのだと思います。しっかりした心根に支えられた「アスピレーション」を言葉にして発信することは、相手の心をも動かし、多くのメンバーの知恵や力を集めることで、一見不可能と思われることをも可能にしていく原動力になり得るのです。

期限をつけない大胆な目標を掲げることで、多様なメンバーの想いが結びつき仲間が増える

しかし、多くの日本人にとっては、「アスピレーション」を言葉にして発信するなんて、あまり馴染みのないことではないでしょうか。一体何をどう言ったらいいの？　或いは、そんな「大風呂敷」を広げて一体何になるの？　と思われる方も多いかもしれません。

これには、「有言実行」を重んじ、言い出しっぺは言ったことを自分でちゃんとやるのが当然とされる、日本特有の文化的な背景も影響しています。さらに、「不言実行」という言葉があるくらいで、つべこべ言わずにやるべきことを淡々とやる人が一番立派

であり、格好良いといった考え方が根強く存在しています。

こうした中で、下手に高邁な理想のようなことを人前で喋ると、「出来もしないくせに、口先だけで調子の良いことを言いやがって」と批判される……ような気がしてしまうので、誰もそんなことを日ごろから言わないし、他人から聞くことも余りないから、自分で考えてみたこともない、というのが実態ではないでしょうか。

そんな平均的な日本人のひとりだった私が考えを改めるきっかけになったのは、当時私が経営に携わっていたスーパーマーケットの親会社であったウォルマートのメンバーからの学びでした。ウォルマートは米国アーカンソー州発祥の小売企業で、売上規模で世界最大の民間企業です。2000年代半ば以降、「サステナビリティ」という切り口から、自社の事業規模やサプライヤー等への影響力を環境問題や社会課題の解決に積極的に活用する方向を打ち出し、様々な取り組みを推進しています。ウォルマートが2005年に発表したサステナビリティの目標は、次の3つの柱から成っていました。

ウォルマートが2005年に発表したサステナビリティの長期目標

● 廃棄物をゼロにする（ゼロウェイスト）
● 100％再生可能エネルギーによる店舗運営を実現する
● 地球環境や天然資源の保全に配慮した商品を販売する

私がこれを最初に目にしたのは、2008年頃のことでした。いくら何でも随分と大胆な目標を掲げるものだなと思った私は、ウォルマートのメンバーに「達成時期も具体的に示さずに、こんなに大きな理想のような目標だけを打ち出して本当に大丈夫なのだろうか？」と尋ねたのです。それに対する彼らの答えは、次のようなものでした。当時の私にとっては、まさに「目からうろこが落ちる」ように感じた瞬間でした。

「これは長期にわたる**アスピレーショナル・ゴール**（**Aspirational Goals**）であって、達成時期を示せるような簡単な目標ではない。しかし、このような大胆な目標を敢えて掲げることで、その達成に少しでも近づくように皆で協力することにこそ意味があるのだ」

「アスピレーショナル・ゴール」とは、上手いことを言ったものです。近い将来に100％実現されることはないかも知れないけれども、そうした高いゴールを「錦の御旗」として掲げ、そこに一歩でも二歩でも近づくことを目指すことに意味があるというのです。キリスト教などの一神教において、神の摂理の実現に少しでも近づくべく信仰する人間のイメージと重なります。きっと、そうした宗教的なものの見方・考え方が背景にあるのでしょう。平均的な日本人には、なかなかできない発想かもしれません。

実際、ウォルマートは「錦の御旗」を高く掲げることで、こうした取り組みを徐々に拡大させていきました。「錦の御旗」を支えたのは、省エネルギーや包装材・廃棄物の削減などにより環境負荷を低減することが、結果的にコストを減らし、商品をより低価格でお客様に届けるという形で本業とも分かちがたくつながっている、という確固たる信念（心根）でした。自社の従業員はもとより、全世界10万社以上に及ぶ取引先企業を巻き込んだ壮大な取り組みは、こうした心根を共有する仲間を増やしながら弾み車のようにドンドン勢いを増していったのです。

さらに、ウォルマートは過去の成果に満足することなく、2020年に新たな目標を発表しました。環境負荷をゼロに近づけるという「サステナビリティ」という次元を超えて、事業を通じて地球環境にプラスの効果をもたらす「リジェネラティブ企業（地球環境や自然資源を回復させる会社）」になることを目指すというものです。「アスピレーショナル・ゴール」の発想が、より一段と意欲的に進化しています。気候変動が熱波や洪水、山火事など様々な形で多くの人に否応なく脅威として実感されてきている中で、これはもうできるかどうかじゃなくて、「やるしかないことだ！」という意気込みと切迫感が伝わってきます。

不確実で混沌とした時代だからこそ、「アスピレーション」を自らのコンパスとして掲げる

欧米の企業やそこで活躍するリーダーは、短期の成果の最大化に心血を注ぎながら、

その一方で、ウォルマートの例にみられるように、超長期の「あるべき姿」を「アスピレーション」として打ち出して、そこに向けて社内外の多様な関係メンバーを巻き込んでいくことが得意です。ただ、彼らとて、道楽でこんなことをやっている訳ではありません。デジタル化の加速や脱炭素社会への移行などにより従来までの常識や価値観が激変することを見越して、自社の存在意義を明確に打ち出すことで、将来社会の中での自らの「ポジショニング」を確固たるものにしようと、必死に知恵を絞っているのです。

翻って日本企業はどうでしょう。バブル崩壊後、多くの日本企業では「選択と集中」という名のもとに足もとの収益確保に経営の焦点が当たりました。経営計画といえば、現社長の在任期間にあわせた3～5年の中期経営計画がメインで、より長期的な視点で自社のビジネスや社会のありようを大胆に構想し、それに合わせた投資や人材の育成などを行う余裕のある企業は残念ながら多くはありませんでした。企業もそれを率いる経営リーダーも、「アスピレーション」とは無縁の目先数年の経営目標を達成することに汲々としていたのです。

しかし、最近になって2040年とか2050年を目指した「長期ビジョン」を打ち出す日本企業が少しずつ出てきています。足もとの事業環境は世界情勢をふくむ様々な要因でますます変化のスピードが速くなっており、3〜5年先を予測して精度の高い経営計画を立てることはこれまで以上に難しくなっています。その一方、「脱炭素社会への移行」に代表されるように、今後長期にわたって進む大きな変化の方向性はある程度予測できるので、一旦時間軸を思い切り伸ばしてビジョンを立てた上で、そこから逆算して事業の構造ややり方をどう変えていくかを考える方がより斬新で意味のあるプランが出来て良いという発想に変わってきているのです。

こうした変化は、MIT（米マサチューセッツ工科大学）メディアラボ所長を務められた伊藤穰一さんが言われていた「**地図よりもコンパスを持て（Compass over maps）**」という考え方とも響き合うものです。複雑かつスピードの速い世界では、すぐに書き換わってしまう地図を持つよりも、優れたコンパスを持つことが大切だ、すなわち、目先の詳細な計画を精緻に作り込むことに血道を上げるよりも、長期的な視点から進むべき方向や達成すべき目標を明確にしておくことの方がはるかに重要だ、ということです。

確かなコンパスがあれば、それが様々な判断を下す際の軸として機能するので、目の前で予想外のことが起きても現場で素早く物事を決めていけます。逆に、想定外の事態だからと言っていちいち本社で社内調整をしたり計画を練り直したりしていては、手遅れになってしまいかねないのです。

自分株式会社のCEOという立場で考えても、自身の心根から発した「アスピレーション」に意識を向け、それをコンパスとして掲げることがますます重要になります。あなた自身の想いを明確に打ち出すことが、「自分広報」の発信力を高めるだけでなく、不確実で混沌とした時代に現状を打破する新たな施策やイノベーションを生み出すきっかけを作ります。事業目的や数値目標といった表層的なレベルを超えて、「アスピレーション」に込められた想いが共有されることで、様々なメンバーが既成概念や「たこつぼ組織」のしがらみにとらわれないで知恵や力を呼び覚ますことにつながるからです。

本質をとらえた飾らない言葉で、自分自身の「アスピレーション」を語ろう

では、自分株式会社のCEOとして、あなたは自分自身の「アスピレーション」をどのような言葉で表現したらよいのでしょうか。一言でいえば、それは、「あなたらしさ」が実感できると同時に目の前の現実やしがらみを脱却した「突きぬけ感」が伝わる言葉です。

あなたらしい何か（根）が強烈に感じられる要素が含まれることで、それを聞いた周囲の人が、「あ〜、〈あなた〉が言っているんだなぁ」と思わずあなたの顔が浮かぶような響きがあること。その一方で、今あるしがらみや思い込み、目先の損得勘定などを超越した、利他の視点や将来世代の視点（翼）で、理想として目指すべき何かをイメージ豊かに語っていること。次ページの図にあるように、「根をもつことと翼をもつこと」[*18]という2つの軸が交差するところで、あなたらしい「アスピレーション」が表現されるのが理想的なのです。

「アスピレーション」を考える視点
「根をもつことと翼をもつこと」

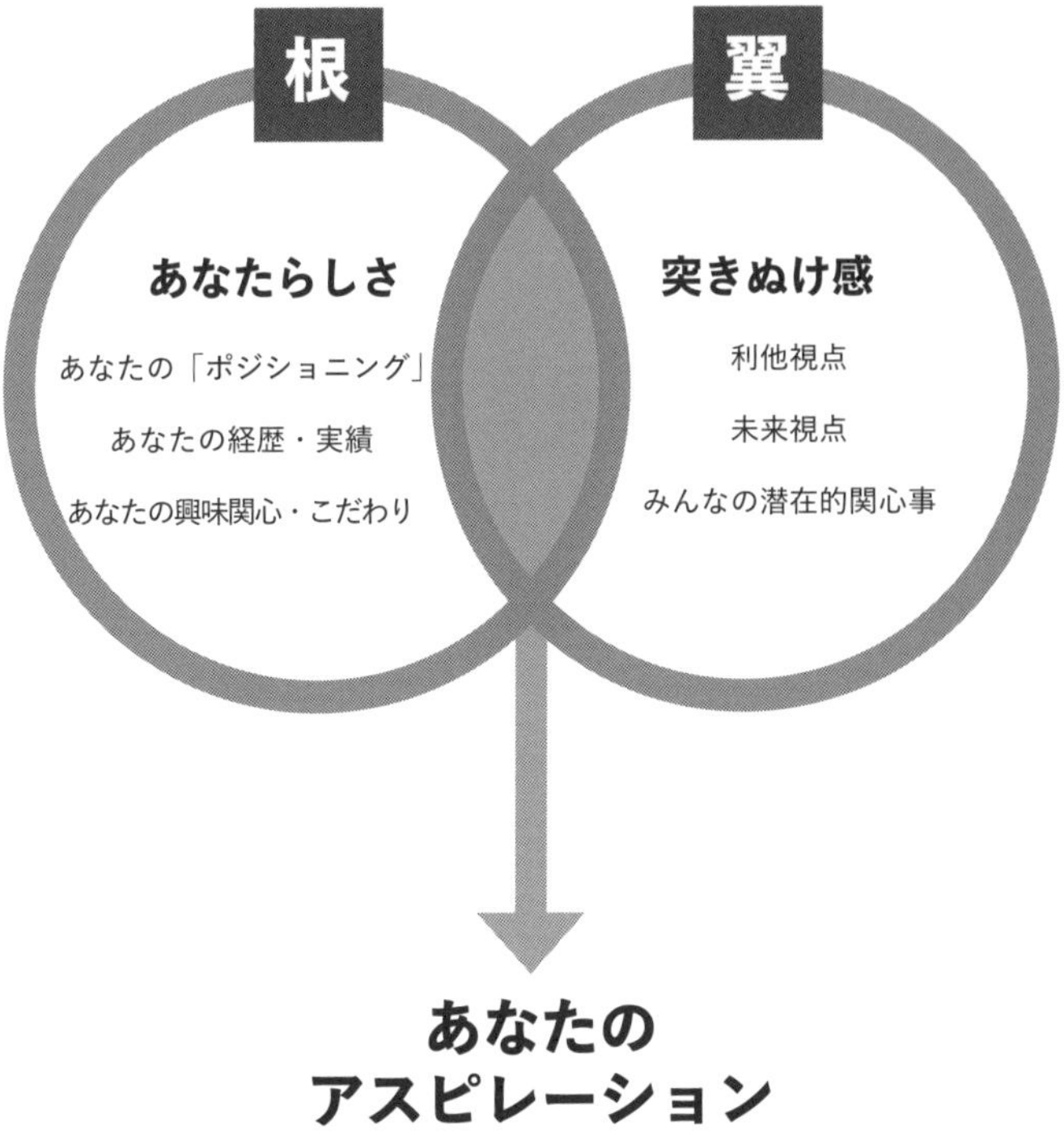

第4章では、「お客様声や意見を日々の意思決定や営業活動に活かせる仕組みづくり」という日ごろからの関心事を起点として、「デザイン思考」の導入をリードすることで独自の「ポジショニング」をつくる事例を取り上げました。こうした「ポジショニング」の先にあなたらしい「アスピレーション」を掲げるとすると、どうなるでしょうか。

例えば、**「未来のお客様を幸せにしたい。そんなワクワクを提供できる会社にしていきたい」**と言うのはどうでしょうか。多くの仕事が、今ある商品やサービスを今いるお客様にどうやって売り込むかという目先の話を中心に展開されがちな中で、「未来のお客様」という視点は、当たり前のようでいてとても新鮮です。「デザイン思考」の導入をリードするあなたの目線は、「未来」にあり、しかも、「会社の売上」を超えた「お客様の幸せ」を追求しているのだ、ということを明確に打ち出すのです。

最初は「何を綺麗ごと言っているんだ」と皮肉をいう人もいるかもしれません。しかし、機会をとらえてこうした「アスピレーション」を発信し続けることによって、「私もそう思う」「こんなアイデアもある」「一緒に考えよう」という風に、想いや志を共にする仲間が、会社の未来を真剣に考えるメンバーの中からに現れてくるのではないでしょうか。

私の知り合いの棚橋智さんは、まさに前述した「アスピレーション」を引っ提げて、コンサルタントとして成功していたキャリアをあっさり捨て、自らパナソニックの門を叩きました。現在、パナソニックグループ全体のイノベーション戦略の推進をリードする立場で仕事をされています[*19]。

「お客様の幸せ」という原点に立ち返って経営トップや現場のメンバーと熱い議論を積み重ね、入社から半年足らずで、技術はあっても社内で日の目を見なかったプロジェクトの事業化に道をつけるなど、目覚ましい活躍をされています。実際にサービスの実証実験の現場に赴くことで、「本当に現場までやってきたのはあなたが初めてだ」と言われ、現場メンバーとの距離が一気に縮まったと言います。単に議論の場で「アスピレーション」を口にするだけでなく、根底にある想いを様々な場面において自ら態度で表すことが重要なのです。

一見今の仕事と直結しないように見える「アスピレーション」でも、臆せず発信しよう

また、必ずしも今の仕事と直結しないように見えても、あなたが関心やこだわりを持つテーマについて「アスピレーション」として言葉にできるものがあるのであれば、臆することなく周囲のメンバーに発信しておくことをおすすめします。

例えば、あなたがペット愛好家であれば、**「ペット動物と人間がより良く共生できる社会をつくりたい」**という「アスピレーション」を抱いていても不思議ではありません。或いは、あなたが子ども食堂を運営するNPOの活動に関わっていれば、**「社会から子供の貧困をなくしたい」**という願いをお持ちのことでしょう。和装の着物が好きな方であれば、**「日本の伝統文化である着物をもっと気軽に楽しめる世の中にしたい」**と夢を語るのも素敵ではないでしょうか。

「アスピレーション」を自己開示することで、あなた自身の日々の発言や行動の裏にあ

る根源的な想い（Why）が明らかになり、それに共感・賛同するメンバーとの間で仕事の枠を越えたつながりが作られるようになります。目先の仕事を片づけることを超えて、あなたの発言や行動が豊かな意味を持って伝わるようになるからです。

一人ひとりのビジネスパーソンが持つ志や情熱、こだわりなどがきっかけとなって、お客様や社会の隠れたニーズを探り当てて新たな需要を生み出したり、社内の「当たり前」を打破してイノベーションを起こしたりする可能性は、これからますます広がります。企業もそれを求めています。日ごろから自身の「アスピレーション」を開示しておくことで、こうした新たな価値創造に結びつくような信頼関係を築いておくことが肝要なのです。

最後に、著者である私自身の「アスピレーション」をお伝えしておきます。それは、一言でいうと、「コミュニケーションを変えて日本をもっと元気に」というものです。日本人は一人ひとりはそれなりに勤勉で優秀だし、日本企業も多くの分野で優れた技術や製品・サービスを提供しているのに、「失われた30年」と言われるように、１９９０年代以降グローバル競争にさらされる中で、全体として沈滞ムードに覆われてきました。

優れたところは色々あるのにトータルとしての価値を示しきれていないのは、経営のやり方の問題もあるけれども、もっと根っこの部分で意識の持ち方や伝え方の問題が大きいのではないか……そんな課題意識から、これまで20年余りにわたって、大きな変革の真っただ中にある企業や組織を舞台にして広報・コミュニケーションに関わるさまざまな領域でチャレンジを続けてきました。こうした経験から得られた知見やスキルのエッセンスを、自分株式会社のCEOとして自らのキャリアを切り拓いていくべきこれからのビジネスパーソンの方々にも役に立つ形で伝えたいというのが、本書の執筆を思い立った最大の動機です。

モノがあっても、もの足りない時代に、自分広報力で意味を生み出すリーダーを目指そう

ある友人が「モノがあっても、何だかもの足りないんだよ」と語っていました。今の時代の空気を見事に言い当てている感じがして、思わず膝を打ったのを覚えています。

日常の生活に必要なモノは身の回りに溢れているし、スマートフォンで注文すれば大抵のモノはすぐに配達もしてもらえるようにもなりました。物質的な欲求が容易に満たされるようになるにつれて、精神的な渇望感をどうやって充足させるのかにこれまで以上に関心が集まるようになってきたとも言えます。

こうした状況をとらえて、生活者の消費行動が「モノ」消費から「コト」消費へと変化し、さらに今は「イミ」消費の時代に突入した、と指摘される方もいます。[*20]「イミ」消費とは、商品・サービスそのものの機能だけではなく、それらに内在する社会的・文化的な価値に共感して選択する消費行動のことです。社会や環境の持続可能性に配慮して作られた

モノを選んで購入する「エシカル消費」も、こうした「イミ」消費の一例でしょう。自然災害に遭った地域の食材を購入することで、地域の復興を応援するという「イミ」消費も幅広い支持を集めています。

モノが足りない時代には、新しいモノを一つひとつ買いそろえていくこと自体に、多くの人が「豊かさの追求」という意味を感じることができました。しかし、モノがある程度行きわたった現代においては、「なぜこれを買い、どのように使うのか」について、一人ひとりが自分なりの意味を求めるようになってきたのです。商品やサービスを提供する側には、自社だからこその固有の意味をもった顧客体験を提供していくことが強く求められるようになります。

人々がこれまで以上に意味を求め、意味にこだわる傾向は、モノの消費だけでなく、職業や就職先の選択においても顕著になりつつあります。これから新卒入社や転職などで就職先を選ぶ人たちは、待遇の良し悪しだけでなく、その会社の「パーパス」を吟味することで、そこで働くことが自分自身にとってどのような意味を持ち得るかを冷徹に見きわめようとしているのです。

特に、ミレニアル世代やZ世代以降の人々には、「社会を少しでも良くし、社会課題の解決につながるような仕事に携わりたい」という意向が強いと言われています。日々の仕事の中に、決められたタスクの完了や数値目標の達成を超えた、より大きな社会的意味を見出せるかどうかが、仕事に対する取り組み姿勢や、その会社に対するロイヤリティ（忠誠心）を決定づけると言っても過言ではありません。

このように、お客様に喜んで買っていただける商品やサービスを生み出したり、優秀な人材が思い切り能力を発揮できる環境を整えたりする上で、そこにどのような意味を与えることができるかが重要なカギを握る時代を迎えています。逆にいえば、あなたが周囲に対してそのような意味を与えることができるリーダーになれば、あなたがCEOを務める自分株式会社の価値もより一層大きなものになるのです。

あなたが、自分を信じ、自らの「アスピレーション」の旗を高く掲げることで、「自分広報力」を駆使して、周りの人々の日々の仕事や暮らしに、より豊かな意味を与えることができるリーダーになっていただけることを期待し、心から応援しています。

おわりに

「たいせつなことはね、目に見えないんだよ・・・・」
（サン＝テグジュペリ「星の王子さま」より）

最後までお読みいただき、本当にありがとうございました。

私は本書を、自分の現在のキャリアや社内での評価に不満や不安を感じているビジネスパーソンを主な読者に想定して執筆しました。読者であるあなたが、周囲との関係を見つめ直し、どのような状況にあっても希望を失わずに自分らしいキャリアを思い描いて成長し続けていただきたい、という願いを込めて書きました。

あなたが本書で紹介した考え方ややり方を実際に試してみて、ご自身の仕事ぶりやそれに対する周囲からの評価に少しでもポジティブな変化を感じとっていただければ、著者としてこれ以上の喜びはありません。本書の執筆は、私にとってまさに試行錯誤の連続でしたが、そうした今までの苦労も一気に吹き飛ぶことでしょう。

その上でのお願いなのですが、あなたが将来部下を持つ立場になった時、もう一度本書を、あなたの部下となったメンバー一人ひとりの顔を思い浮かべながら手に取ってみていただきたいのです。一人ひとりの持つ強みや個性、「アスピレーション」を引き出して活かすには、それぞれが周囲にどんな「ポジショニング」をとって仕事をしてもらうのが相応しいのだろうか、それを実現するために本人にはどんな風に「メッセージ」を発信するように促すのが良いのだろうか……といった視点に立って、様々に想いを巡らせながら。

或いは、あなたがすでに何らかの形でチームを率いたり、部下となるメンバーを持って仕事をしたりする立場にいらっしゃるのであれば、改めてそのような視点から、本書の内容を振り返ってみていただければありがたいです。

なぜならば、そのような発想で部下に接する上司やリーダーのもとでこそ、メンバー一人ひとりが自分の強みや個性が活かされていると実感でき、その結果として貢献意欲が高まり、チーム全体のパフォーマンスも向上するからです。そのために、例えば、本書の第2章で紹介した「口1耳9」の対話の機会を、上司やリーダーとなったあなたの方からメンバーに対して行っていただきたいのです。もちろん、部下のメンバーではなく、あなたの方が「口1耳9」になって。

思い返せば、私自身、上司にあからさまに反抗したり、仕事からはみ出したことを勝手に考えたり、自分の意見を直言して周りを困らせたりする「困った部下」だった時代もありました（「今だって、大して変わらないじゃないですか」と言われそうで怖いですが……）。そんな私がこれまで何とかビジネスパーソンとして希望を失わずにやって来られたのは、まさに本書で紹介したような発想を暗黙のうちに身につけた、度量のある上司や「ナナメの関係」で結ばれた先達のリーダーが、「困った部下」である私のことを受け止めて、何とか活かしてやれないものかと思案しサポートしてくださったおかげだと強く感じます。

本書の企画の素になる着想やインスピレーションの多くは、こうした方々との仕事の「余白」の部分での折々の対話や交流から得られたものです。お一人おひとりのお名前をここに書き連ねることは紙幅の関係上できませんが、この場を借りて心から感謝したいと思います。

ビジネスや教育において機能や効率が重視されるあまり、こうした「余白」の部分での人間的なつながりが希薄化していると言われます。しかし、個人としても組織としても、「正解の無い問題」に対処したり、一見出口が無い「八方塞がり」の状況の中で突破口を切り開いたり、将来に関わる一大決心をする必要に迫られたり、といった重要な場面では、「機能や効率」は無力であり、日ごろからの「余白」の部分での蓄積が問われてくるものです。本書で紹介した手法や考え方が、あなたと周囲のメンバーとの有意義な「余白」での対話を促し、それが、あなた自身の活躍の機会を広げ、さらに、あなたの属するチーム・組織全体のポテンシャルをより一層豊かに引き出すきっかけとなることを願っています。

本書の執筆にあたっては、多くの方々にお力添えをいただきました。

私が現在所属しているデロイト トーマツ グループの関係者の皆さん、なかでもグループ執行役の長川知太郎さんと松江英夫さん、デロイト トーマツ コーポレートソリューション合同会社社長の和田稔郎さんの温かい理解と後押しがなければ、本書の執筆・発行はあり得ませんでした。ビジネスプロフェッショナルグループの一員として、このような書物を世に出すことができたことに心から感謝を申し上げます。また、出版にあたり激務の中でレビューの労をとってくださった同グループ執行役レピュテーション・リスク・リーダーの高橋周さんとグループ広報リーダーの菊池幸代さん、きめ細かい調整を支援くださった宇戸晴子さんにも深く御礼を申し上げます。

私に広報やコミュニケーションに関わる仕事に就く機会を与えてくださったフライシュマン・ヒラード・ジャパン株式会社（ＦＨＪ）取締役会長の田中愼一さんには、本書の出版にあたり、同社資料に基づく図版掲載の許諾などを含め、格別のご支援をいただきました。文中（第1章）でコメントを引用させていただいた本田哲也さんを含め、

ＦＨＪの草創期からの発展の過程において苦楽を共にしたメンバーの皆さんにも、この場を借りて改めて感謝申し上げます。

出版のきっかけを与えてくださった松尾昭仁さん、大沢治子さん、そして、本書の編集を担当いただいた株式会社イースト・プレスの山中進さんには、途中で筆が止まったり弱音を吐いたりする私を、常に温かく見守り励まし続けてくださったことに心から感謝を申し上げます。

第7章で触れたように、本書は、「コミュニケーションを変えて日本をもっと元気に」という私自身のアスピレーションを書籍として形にする試みでした。これからの日本の元気を支える自分株式会社のＣＥＯである読者の皆さんのますますのご活躍と幸せを祈って筆をおきます。

2023年1月大寒の頃　新たな春の訪れを予感しながら

金山亮

参考文献・後註

※1 「人生がときめく片づけの魔法」近藤麻理恵（サンマーク出版）

※2 「転職2.0 日本人のキャリアの新ルール」村上臣（SBクリエイティブ）

※3 「～中小企業の人事評価の悩み・課題に関する調査～株式会社あしたのチーム」（https://www.ashita-team.com/news/20170624-2/）

※4 日本経済新聞朝刊連載（2022年4月1日～4月30日）

※5 「人は話し方が9割」永松茂久（すばる舎）

※6 「人生の経営」出井伸之（小学館）

※7 「MAG2NEWS」（https://www.mag2.com/p/news/365344）

※8 「Invent & Wander」ジェフ・ベゾス（ダイヤモンド社）

※9 アマゾンでは、「毎日がはじまりの日」（創業初日＝Day One）と考え、チャレンジ精神とイノベーションを奨励する「Day One」の文化が根付いていると言われている。

※10 「Invent & Wander」ジェフ・ベゾス（ダイヤモンド社）242頁

※11　リーダーに必要なのは「まとめる力」じゃない。朝比奈一郎さんに聞く、日本に足りない「始動者」って何ですか？（The Huffington Post ２０２１年12月22日）（https://www.huffingtonpost.jp/entry/story_jp_61c29408e4b0d637ae880016）

※12　「Hit Refresh（ヒット リフレッシュ）マイクロソフト再興とテクノロジーの未来」サティア・ナデラ（日経ＢＰ）

※13　「ソニー再生　変革を成し遂げた異端のリーダーシップ」平井一夫（日本経済新聞出版）

※14　「マキアヴェッリ語録」塩野七生（新潮社）

※15　「自分を変える『身口意』の法則」種市勝覺（フォレスト出版）

※16　「リーダーを育てるリーダーを育てろ」日経ビジネス電子版（２０１７年7月24日）

※17　「商売心得帖」松下幸之助（ＰＨＰ研究所）

※18　「気流の鳴る音」真木悠介（筑摩書房）

※19　「BUSINESS INSIDER」（https://www.businessinsider.jp/post-260507）

※20　「電通報」（https://dentsu-ho.com/articles/8081）

自身の価値を最大化する
最強キャリアアップ術

自分広報力

2023年2月20日　第1刷発行

著　者　金山《かなやま》 亮《りょう》

制作協力　ネクストサービス株式会社　松尾昭仁

装　丁　bicamo designs

発行人　永田和泉

発行所　株式会社イースト・プレス
〒101-0051
東京都千代田区神田神保町2-4-7久月神田ビル
Tel.03-5213-4700／Fax.03-5213-4701
https://www.eastpress.co.jp

印刷所　中央精版印刷株式会社

© Ryo Kanayama 2023, Printed in Japan　ISBN 978-4-7816-2170-8

本書の内容の全部または一部を無断で複写・複製・転載することを禁じます。
落丁・乱丁本は小社あてにお送りください。送料小社負担にてお取り替えいたします。
定価はカバーに表示しています。